Amadou N'Golo Coulibaly

La citation selon la situation Tome IV

Amadou N'Golo Coulibaly

La citation selon la situation Tome IV

La citation selon la situation est une compilation de citations thématiques basées sur la réalité sociale

Éditions Vie

Cover image: www.ingimage.com

Publisher:
Éditions Vie
is a trademark of
Dodo Books Indian Ocean Ltd. and OmniScriptum S.R.L publishing group

120 High Road, East Finchley, London, N2 9ED, United Kingdom
Str. Armeneasca 28/1, office 1, Chisinau MD-2012, Republic of Moldova, Europe
Printed at: see last page
ISBN: 978-613-9-59411-5

La citation selon la situation

TOME IV

Téléphone : +22379186226 /+22362719431

E-MAIL :amadoucoulibalibaly@gmail.com

AUTEUR : Amadou N'Golo Coulibaly

Sociologue

Avant-propos

Le présent ouvrage intitulé la citation selon la situation Tome IV se veut un ouvrage à portées multiples basé sur l'interprétation de la compréhension de la vie sociale par l'individu dans une dimension socio-philosophique. Partant du constat assez illustratif de la compréhension de l'intérêt que nous accordions à l'existence nous exprimons ainsi la connaissance qui est notre par rapport à l'analyse de la vie sociale sur le plan politique, économique, culturel social et divers. L'attention particulière que nous accordions à la vie à l'importance de notre existence partant de la compréhension des éléments constitutifs de la vie sociale à savoir : la vie elle-même, de la mort de la nature de la culture, de la réussite et l'échec etc. Le présent ouvrage touche au mieux à plusieurs éléments constitutifs de la vie sociale déterminant l'intérêt que nous accordions à la réalité sociale en question ainsi l'importance de la vie nous appelle à comprendre au mieux l'importance que nous accordions à l'interaction sociale visant la réussite de la vie la marge de l'adage place l'auteur à cheval entre sa représentation de la réalité la représentation de la réalité faite par autrui ainsi que la représentation certaine de la réalité telle qu'elle dans le temps et l'espace dans une troisième partie. L'analyse triangulaire des valeurs représentatives de la réalité nous permet donc de bien analyser l'impact de l'idée certaine qui nous permet de nous épanouir tout en nous outillant par le socle de la connaissance nous réussissons à faire la bonne appréciation parmi les trois réalités seulement en aiguisant son esprit d'appréciation logique. La nécessité de s'assumer dans ses décisions recommande à ce qu'on ait un éclairage certain entre notre représentation de la réalité, celle de la réalité ainsi que la réalité pensée par autrui ainsi force doit rester à la vérité de la raison pour nous permettre de nous équilibrer dans la vie. Tout au long de la réflexion de l'ouverture de l'adage nous confrontons les principaux points de vue des individus sur la nature de la réussite puis de l'échec dans l'existence tout en faisant ressortir la différence qu'oppose nous humains en terme de perception de la réalité en quête de la stabilité sociale. La marge de l'adage appelle l'individu à toujours mettre en avant la dimension intellectuelle pour atteindre une organisation judicieuse de sa vie donc nous ne prospérons pas partout où nous ignorons la vraie assise de l'émancipation donc cela appelle à une responsabilisation de l'individu dans le temps et l'espace outiller les humains par la formation intellectuelle requise est la valeur par laquelle nous nous émancipons dans la vie nous stabilisons tout en promouvant notre développement. Ainsi l'intérêt pour l'individu de s'accomplir dignement est illustratif dans la démarche de l'ouvrage de l'adage car il convient de mettre en avant l'importance de l'appui au renforcement de capacité humaine pour qu'on puisse bien s'épanouir dans la vie sachant logiquement que c'est dans la mentalité que nous ordonnions ou désordonnions notre vie. La réponse à la question selon laquelle nous ne pourrons nullement pas améliorer notre vie sans connaitre nos lacunes ni savoir où s'orienter met l'accent sur la nécessité certaine pour l'individu de s'éclairer à jamais sur la base de la connaissance donc il nous revient d'accorder du temps à l'instruction pour atteindre la solution. La réflexion permanente ainsi que la confrontation avec les problèmes nous amène à nous doter d'une capacité préventive de gestion puis de résolution certaine des crises dans un bref délai partant de l'exercice spirituel continuel auquel on s'adonne afin de promouvoir son autonomie intellectuel.

CHAPITRE I

Titre de niveau I

L'individu et l'imagination dans la société : la connaissance et l'ignorance, le problème et la solution, l'intelligence et l'inintelligence, la vie et la mort, la chance et la malchance, la confiance et la méfiance, la réussite et l'échec, la lecture et l'écriture, l'avantage et le désavantage.

Titre de niveau II

L'individu et l'imagination dans la société : La cohérence et l'incohérence, le bien et le mal, le courage et la paresse, la sagesse et la maladresse, l'espoir et le désespoir, la fidélité et l'infidélité, la dépendance et l'indépendance, la facilité et la difficulté, l'expérience et l'inexpérience, la patience et l'impatience.

CHAPITRE I

Titre de niveau I

TABLES DES MATIERES

CHAPITRE I

TITRE DE NIVEAU I

LA CONNAISSANCE ET L'IGNORANCE

« C'est parce qu'elle est claire que la lumière ne serve pas mal, certes on peut éprouver du mal à se servir ou à servir avec la connaissance sans pour autant que la connaissance ne soit forcément orientée au service du mal » (La connaissance est hautement éclairée qu'on le sache ou pas qu'on éprouve du mal à adopter la consigne de la connaissance pour servir ou se servir avec ne veut nullement pas dire qu'elle relève de l'ordre de la nuisance, sauf si on l'oriente ainsi). « A part ce qui n'est pas à avoir on peut tout avoir avec le savoir dans la mesure où la connaissance est suffisance ce qu'on ne profite pas dans la connaissance c'est ce qui ne nous profite pas bien du tout » (Ce qui ne nous profite pas bien c'est ce que la connaissance ne nous laisse pas profiter une fois utilisée à bon escient). « Ayez la connaissance de juger ainsi vous persévèrerez dans la jouissance » (Le jugement lucide est toujours fort de rendement). « Si ce n'est nullement pas venant du manquement que le jugement rende indépendant certainement que le connaisseur est celui qui ne juge autrement qu'évidemment, je n'appelle pas connaisseur celui qui ne manque pas de jugement mais plutôt celui qui ne juge pas partant du déraisonnement : je n'appelle pas connaisseur celui qui ne manque pas de réponse mais plutôt celui qui est clair dans sa réponse » (Le connaisseur à jamais est celui qui dissocie le bien du mal en opérant selon la stricte convenance de l'évidence intellectuelle). « C'est juste connaisseur qu'on atteigne son but » (Une fois précis de jugement nous atteignons notre but). « Ignorer fait l'égaré dès lors que la lumière fait le connaisseur ainsi vouloir forcément concilier la connaissance et l'ignorance c'est se tromper en évidence » (Nous partons de la différence pour situer la connaissance et l'ignorance une fois juste de repère). « On ne perd pas ce qu'on donne pour savoir car le savoir est victoire » (Si la victoire est dans la connaissance nous ne perdons pas ce qui se situe dans la connaissance). « Ignorer n'est nullement pas la manière appropriée pour contenir l'ignorance car on l'assiste en puissance en vivant dans l'insouciance mais connaitre oui, quoi de plus pour contenir le problème si ce n'est la solution pour celui qui voit juste la réalité » (Comme barrière à l'erreur c'est la lumière qui est recommandée ni plus ni moins). « Tout est connaissance pour celui qui se trompe de connaissance car il ne se situe pas du tout sur la réalité de la connaissance : l'unique excuse à l'erreur c'est ne pas savoir pourquoi nous la vivons dès lors que l'égaré sait qu'il est égaré l'erreur n'a plus de chance » (Pourquoi ne pas situer la connaissance partout quand nous la situons sans être droit du tout la concernant). « Si savamment n'a pas de manquement c'est qu'il se dresse certainement contre les manquements » (La connaissance à défaut d'avoir du manquement se dresse forcément contre le manquement). « Le méconnaissable a sûrement été connaissable, de l'état à l'état tout comme de la connaissance à la connaissance suite à l'évolution nous constatons du changement » (La connaissance est aussi fonction du changement toujours selon la recommandation de l'évidence sachant que c'est la connaissance de l'humain qui évolue et non pas celle de la connaissance ainsi de la connaissance à la connaissance tout comme de l'état à l'état celui-ci apprend permanemment la réalité des choses). « L'assurance est dans la connaissance parce qu'elle s'oppose à la nuisance, la connaissance nous importe partout où nous la pensons avec aisance dans l'évidence et non pas contre l'évidence » (La connaissance qui s'améliore nous réussit en terme d'assurance). « La connaissance n'est pas rien voilà pourquoi on peut ne rien faire pour ignorer cependant on doit faire quelque chose pour connaitre » (Face à la connaissance l'ignorance ne nous demande rien car elle ne nous sert pas). « Si l'ignorance ne nous demande rien pour la croire c'est parce qu'elle n'est rien à en croire étant donné qu'elle n'a rien à nous faire savoir » (L'ignorance ne nous impose rien pour s'imposer dans la vie donc elle nous trompe en nous appelant à ne rien faire pour réussir). « Ce qu'il ne faut pas ignorer pour connaitre est que l'ignorance ignore toute la vérité sur l'ignorance est qu'elle ignore : l'ignorance est une réalité cependant elle n'est pas la réalité » (L'ignorance n'est pas la réalité même si elle existe en réalité). « La connaissance est défense pourvu qu'elle concorde avec le bon sens, pour que la connaissance nous rassure vivement elle doit concorder avec le principe de la droiture » (La connaissance qui concorde avec le bon sens nous rassure justement en terme d'ouverture). « Plus de connaissance c'est plus d'importance, plus c'est savant justement c'est évident et important » (La connaissance est l'assise de l'évidence creuset de l'importance). « Celui qui néglige la connaissance néglige son existence avec » (La connaissance est utile à toute existence qui tient à la réussite). « La connaissance de la réalité exprime la réalité de la connaissance, toute la vérité sur la connaissance est que la connaissance existe en réalité en même temps la connaissance concorde avec la réalité » (La connaissance est une réalité tout en étant la réalité). « L'ignorance est désespérance » (Dans l'ignorance nous désespérons). « Quand l'ignorance fait espérer c'est pour ensuite désespérer » (L'ignorance désespère l'humain). « Ce qui s'ignore se déplore le plus souvent » (L'ignorance est déplorable ne nous permettant pas de nous retrouver dans la vie). « La confiance à l'ignorance est la confiance à l'insuffisance ; la connaissance de l'ignorance n'est pas pour la faire confiance mais plutôt pour renforcer sa méfiance la concernant » (L'éclaircissement de l'humain sur l'ignorance lui permet sagement d'éviter le mal). « Le problème de l'ignorance est qu'elle ne s'oppose pas au problème mais plutôt étant elle-même le problème elle le renforce davantage ; ne pas situer le problème dans le mal c'est se tromper le concernant » (L'ignorance renforce le problème étant elle-même la nuisance). « Celui qui s'associe à l'ignorance s'associe contre la connaissance » (La clarté envers la connaissance nous permet de canaliser les problèmes au mieux). « La connaissance est clé car elle fait mieux vivre, si sincèrement elle soulage parlant de la connaissance c'est parce qu'elle n'a autre mesure que l'ouverture de la conscience sur l'évidence » (La connaissance n'a autre ouverture que la valeur de l'évidence dans le temps et l'espace). « Quand la connaissance nous manque l'essentiel nous manque » (L'essentiel nous manque partout où nous n'avons pas la connaissance).

« N'importe qu'on n'ait pas toutes les connaissances d'une part la connaissance est tout car elle incarne largement la lucidité sur la nature d'une valeur quelconque cela dit seule la lumière est repère pour le connaisseur » (La lucidité sur la nature d'une valeur quelconque émane de notre implication à bien connaitre les choses n'ignorant également pas que la connaissance véridique exprime tout d'une part même si tout n'est pas connu par l'humain). « La limite de l'ignorance ne nous éclaire pas sur l'ignorance de la limite, l'ignorance ne se suffit pas voilà pourquoi elle ne réussit pas » (Le choix de la voie de l'ignorance est celui qui ne nous permet pas de réussir dignement). « La connaissance n'est pas un frein pour l'épanouissement de l'humain mais plutôt un élan pour sa solidité, quand la connaissance nous désert c'est qu'on ignore comment s'en servir » (L'éclairage de l'individu sur la réalité de la connaissance nous permet de savoir bien nous en servir). « Le savoir est contrôle et équilibre dans la mesure où celui qui ne sait rien ne contrôle rien » (Celui qui ne sait rien ne contrôle rien dans la vie). « Plus c'est ignorant plus c'est perdant » (L'ignorance fait perdre au juste). « A défaut de faire reculer l'ignorance ne fait pas avancer, voir la réalité ainsi c'est bien la voir autrement situer le succès dans une autre valeur que celle concrète c'est se la priver » (L'ignorance nous limite dans le temps et l'espace la voir autrement est une erreur de jugement). « La connaissance est déterminée et déterminante dans la vie sociale » (La connaissance est déterminée et déterminante dans sa méthodologie). « Connaitre ce n'est forcément pas admettre » (La connaissance ne nous demande pas d'admettre forcément ce qui ne l'est pas). « La connaissance c'est l'orientation en vue de cheminer sur son aboutissement dans la forme tout comme dans le contenu la connaissance répond à une règle méthodologique de respect de norme et de l'adaptation et l'application des solutions intellectuelles selon les contextes appropriés » (La connaissance est une invitation à l'augmentation de notre intelligence dans la vie). « Celui qui n'a pas connaissance de la vérité n'a pas connaissance de sa personnalité car il devient difficile d'arriver à la connaissance de soi tout en ignorant la connaissance comme choix »

(L'ignorance du choix de la connaissance ne nous permet pas de nous connaitre nous-même). « Celui qui avance contre la connaissance avance en reculant » (Pour ne pas se faire la guerre on ne doit pas la déclarer à la connaissance). « L'ignorance est dépendance par contre la connaissance est indépendance dans ce sens de l'ignorance à la connaissance si l'exigence n'est pas la même certainement que le résultat n'est pareillement pas le même » (La différence illumine le cadre de la connaissance et de l'ignorance dans la vie, le sacrifice utile dans ce sens est celui qui accompagne la connaissance par contre l'engagement inutile détermine l'ignorance). « Plus on ignore plus on s'isole » (Comparée à la connaissance l'ignorance affaiblit profondément). « La connaissance contribue à l'épanouissement des choix en s'opposant à la loi du désagrément émanant de l'ignorance ; la connaissance en réalité nous ouvre la voie à la réussite comme finalité » (La finalité de la connaissance est la réussite dans la vie). « La connaissance n'abandonne pas parce qu'elle raisonne, celui qui connait bien raisonne bien puis s'assume sagement » (La connaissance est un support pour la réussite humaine). « Plus d'ignorance c'est moins de pertinence dans le sens là où sévit l'ignorance s'éclipse la connaissance » (La connaissance et l'ignorance s'oppose réellement dans la vie). « La connaissance est toujours précise n'empêche qu'elle nous éclaire sur le sens imprécis » (La connaissance est pleine partant de l'évidence qu'elle incarne dans le temps et l'espace l'expression du satisfécit sensuel). « Tout est clé dans la connaissance car la connaissance est évidence » (Celui qui tient suffisamment à la connaissance tient également à son existence avec). « Celui qui ne fuit pas la vérité ne fuit pas la connaissance avec car là où demeure la vérité demeure la connaissance avec » (La connaissance est véridique là où la vérité est connue sagement). « Pareillement à l'ignorance la connaissance est sur mesure, pour bien connaitre nous n'ignorons pas comment l'accéder dans ce cas pour se retenir de l'ignorance nous n'ignorons pas ce qu'elle veut dire, ainsi nous nous nous illuminons sur la réalité de la connaissance en s'éclairant sur la réalité de la vie » (La connaissance de la vie nous permet de bien nous situer sur la réalité de l'ignorance et de la connaissance globale). « Bien connaitre c'est bien mesurer » (Celui qui connait bien mesure bien). « L'ignorance est différence et insuffisance par rapport à la connaissance » (L'ignorance est faite de différence et d'insuffisance). « Ignorant, on ne peut que fauter : toute l'ignorance se résume dans l'erreur» (L'ignorance n'est pas une barrière contre l'erreur mais plutôt elle la renforce). « Connaitre l'ignorance et l'admettre ça fait deux » (La connaissance d'une valeur et son admission cela fait deux). « Tout revient à la connaissance ainsi la connaissance nous permet d'aller au bout de nos inspirations, il importe de compter sur la connaissance pour espérer avec suffisance dans l'existence » (La connaissance dans l'existence nous permet de bien s'épanouir dans la vie car pour réaliser ses rêves il faut savoir bien s'éclairer). « Le problème de la connaissance n'est pas la connaissance du problème ce qui déduit le fait que lorsque nous situons le problème de la connaissance c'est que nous défendions la solution de l'ignorance » (La connaissance et l'ignorance s'opposent sincèrement dans la démarche). « La meilleure réponse appropriée face à l'ignorance c'est la connaissance ni plus ni moins » (L'ignorance n'est mieux vaincue que par la connaissance dans la vie). « Celui qui se bat pour l'ignorance s'abat dans l'insuffisance » (L'ignorance est l'assise de l'insuffisance dans le temps et l'espace). « Moins nous apprenons plus nous nous enfonçons plus nous apprenons moins nous nous enfonçons l'appui de la connaissance est largement suffisant par rapport à l'amélioration de la condition de vie humaine car celui qui souhaite renforcer sa vie doit s'instruire dans sa lutte » (Mieux nous nous instruisons bien nous luttons). « Celui qui s'instruit mal lutte mal ; l'erreur dans le combat détermine l'erreur dans l'apprentissage » (Pour bien combattre on doit bien s'instruire). « Quand l'ignorance nous arrange c'est pour nous déranger, car celui qui s'arrange mal se dérange sans le savoir » (L'arrangement raté est fait par l'ignorance). « Quand l'ignorance nous arrange c'est qu'on ne s'arrange pas » (Celui qui s'arrange bien doit voir dans l'ignorance une source d'insuffisance plutôt que de suffisance). « Si l'ignorance n'est pas un problème alors qu'on me dise ce que c'est qu'un problème ? » (L'ignorance est motrice du problème dans la vie, le situer autrement c'est se tromper dans le jugement). « Contrairement à la connaissance l'ignorance n'a vocation qu'à nuire terriblement à l'espérance humaine mais il faudrait le croire pour pouvoir se tirer d'affaire nous ne pouvons pas parler à propos d'une connaissance dont nous ignorons cela dit quand l'erreur rassure c'est pour après nous infliger de la blessure » (La connaissance que nous ignorions nous ne pouvons nullement pas la juger ce qui veut dire que seule la connaissance nous permet de voir clair sur l'ignorance). « La connaissance la meilleure est celle qui se dresse à l'encontre de l'erreur, plus c'est clair plus c'est meilleur sincèrement ça nous repère » (La connaissance certaine bien justifiée nous sert de levier contre l'assaut de l'ignorance en stabilisant notre vie). « La convenance de la connaissance est la convenance par excellence » (L'excellence du bon sens émane de la connaissance dans l'existence). « La connaissance n'est pas sans puissance car elle s'oppose à l'impuissance : la meilleure réponse à l'insuffisance c'est la suffisance pareillement à la connaissance et l'ignorance » (La connaissance certaine s'oppose avec maturité à l'impuissance). « La connaissance nous réussit partout où la réussite est bien connue car c'est la méthodologie constructive qui chemine vers la réussite humaine dans le temps et l'espace » (La réussite humaine s'accomplit partant de la connaissance de la méthodologie qui chemine à sa réalisation, la connaissance dans un usage positif de ce fait est le seul chemin certain pour l'accomplissement d'une vie).

LE PROBLEME ET LA SOLUTION

« Celui qui fuie la précision, fuit la solution avec » (Nous fuyons la solution partout où nous n'acceptons pas la précision). « La solution doit-être innovante pour le penseur aussi longtemps que le problème ne restera pas statique car on a tort de ne pas évoluer sa solution partout où nous assistons impuissant à l'évolution du problème » (La nécessité de solutionner recommande à l'individu d'évoluer sa réflexion en fonction de l'évolution du problème). « L'importance qu'on accorde à la connaissance dans la vie est celle qu'on accorde à notre existence en tout et pour tout sans doute celui qui néglige la connaissance s'enlise dans l'existence » (L'important est la connaissance pour ne pas manquer de solution). « La raison dans le combat c'est la solution dans le constat arrêtons de problématiser quoi que ce soit sans raisonner aucunement, objectiver c'est l'ultime manière de solutionner le problème ; on n'attend pas la solution de la part de celui qui ignore le problème » (L'instruction est primordiale pour atteindre la solution de la part de l'humain). « La précision n'est pas rien pour celui qui ne prend pas la solution pour rien » (Dans la logique où nous ne prenons pas la solution pour rien certainement que nous accordions de l'importance à la connaissance pour sa réalisation). « La solution ne se réalise pas seule par contre c'est l'humain qui la réalise, là où s'arrête la précision s'arrête la solution avec ainsi c'est à la réflexion de ne pas manquer de lucidité pour marquer sa solution » (La précision détermine la solution de long en large dans la vie ce qui déduit que toute analyse clairvoyante la concernant est le produit d'une réflexion intelligente). « Face à une solution inintelligente le problème intelligent prend toujours le dessus : quelle différence y a-t-il entre une solution mal pensée et un problème ?» (L'importance de bien penser nos solutions est nécessaire pour endiguer les problèmes sinon un problème mal diagnostiqué aboutit à un autre problème au lieu d'une solution). « On ne saurait vaincre le problème sans convaincre la solution autant la farce ne fait pas la force autant l'illusion ne fait pas la solution si nous la voulons durable » (La capacité mentale pour l'individu de distinguer l'erreur de ce qui ne l'est pas est toujours une constante requise en vue de réussir sa mission de quête de solution). « Point de solution sans soumission à l'essentiel étant donné que l'essentiel c'est la précision pour arriver à la solution comme destination » (L'individu doit accepter de se soumettre à la raison pour solutionner les problèmes de la vie dans la mesure du possible sachant logiquement que l'homme n'est exclusivement pas un être de raison). « On ne doit pas se limiter au rêve pour matérialiser ambition : ambitionner d'accord mais travailler ensuite » (Il n'est pas aisé de se limiter à l'ambition pour réaliser ses rêves en terme de solution par contre il importe de pousser son ambition dans le cadre du travail en vue d'arriver à réaliser ses rêves). « Derrière chaque solution il y a une conviction qui concorde avec la précision » (La précision est sans doute l'éternelle conviction qui accompagne la solution qui se veut certaine). « Celui qui a compris à tort ne peut pas solutionner le tort, la compréhension est toujours requise pour atteindre la solution). « Bien d'illusions mènent à pas mal de problèmes ; plus nous sommes convaincus par l'illusion profondément nous nous enfonçons dans le problème » (L'individu qui se laisse gagner par l'illusion se trouve enfoncer dans le problème). « C'est parce qu'on n'illusionne pas pour solutionner quoi que ce soit qu'on a tort d'illusionner : arriver demande tout sauf se tromper » (L'illusion n'a rien de productif ce qui fait que l'esprit inventif doit savoir s'en éloigner pour vivre en paix). « Quand le problème fait gagner c'est que la solution fait perdre ainsi la solution est mal comprise, il n'y a pas de confusion entre le problème et la solution quand on voit juste à travers son appréciation » (Mal pensée la solution ne sert à rien n'étant autre qu'un problème incompris). « Partout où l'on change de solution on change de position avec » (La solution est liée à notre conviction là où nous l'orientons nous orientons la solution avec). « En guise de solution c'est parce que la précision n'est pas limitée raison pour laquelle elle suffit comme amplement comme solution : en matière de solution quand la précision est, tout y est » (La raison suffit largement comme solution n'étant pas limitée). « La solution du détour est justement la solution d'un jour partant du détour la solution ne réussit durablement pas : on peut se tromper de réalité mais on ne peut pas tromper la réalité ! » (La positivité est le propre d'une solution durable). « On n'impose pas sa solution sans que la réalité ne nous impose la sienne si nous adoptons une posture contraire à la vérité » (La précision a toujours raison de la solution mal pensée). « De la sorte où on ne fuie pas la vérité pour la dépasser on n'impose pas sa solution pour la profiter durablement par contre la solution oui en somme aucune solution n'est lacune chez la précision uniquement » (Tout finit par la précision la solution c'est la précision). « Il n'y a pas de petites solutions face au problème convenable dans la mesure où le problème n'est jamais meilleur pour induire la solution dans l'erreur si nous n'arrivons pas à solutionner un problème mettons-nous dans la tête que ce n'est pas l'échec de la solution plutôt celui de l'acteur par conséquent que nous ne sommes pas encore arrivés ce qui implique qu'on doive toujours réessayer pour réussir passant par la voie appropriée » (La solution n'échoue pas par contre nous nous trompons la concernant ou pouvons ne pas l'admettre ayant de la difficulté à l'adopter sinon elle reste efficace à jamais face au problème convenable). « C'est mal pensée qu'elle pose problème de quoi s'agit-il d'autre que la solution car pensée contre le problème le résoudre objectivement si nous sommes cohérents dans la démarche » (La solution doit s'opposer au problème pour garantir sa pertinence). «Toute complicité entre la solution et le problème est une improductivité de la réflexion : bien pensée il ne saurait y avoir exclusivement de convergence entre le problème et la solution » (L'opposition détermine la solution et le problème et non pas le contraire). « Dans la mesure où la normalité n'est pas l'ennemi de la stabilité la solution ne saurait être un frein pour l'amélioration de la condition de vie humaine une fois bien pensée sûrement que la solution n'empêche pas de prospérer » (L'impact de la solution dans la vie humaine est toujours positif partout où nous le pensons bien). « Seulement toutes les solutions appartiennent à la précision, au juste précis dans l'analyse nous tenons face aux défis » (Il n'y a nulle solution qui peut se démarquer de l'objectivité dans la démarche). « Il ne suffit pas d'aimer la solution pour obtenir son aide mieux il faut l'adopter pour la profiter » (Le réalisme nous recommande d'adopter la solution en plus de l'avoir aimé pour obtenir son aide). « L'effort consacré au tort est une plaie pour la solution ! » (Mal investi l'effort ne concorde pas avec la solution ; sans précision la résolution ne sert pas). « Il ne faut seulement pas penser pour solutionner mieux il faut raisonner ; sans quoi il n'y a pas de solution c'est bien la précision dans l'orientation ni plus ni moins » (La qualité distingue le problème de la solution, sans connaitre son orientation au préalable impossible de déterminer le sens). « Si le fou n'est pas sans besoin cependant il ignore bon nombre de ses besoins ce qui conclut au fait qu'on n'attende pas de la solution de la part de celui qui ignore ce que c'est qu'un problème, il faut la conscience pour distinguer le bon sens du non-sens plus loin le problème de la solution » (La folie étant une maladie mentale fait en sorte que nous sommes ne sommes pas concernés par les problèmes relevant de la raison même si nous avons des besoins naturels propres à l'espèce humaine). « Si ce n'est pas mal d'avoir la solution cependant c'est mal de se faire avoir par sa solution » (La solution ne nous aide que lorsque nous ne nous trompons pas la concernant). « C'est parce qu'on peut se tromper de solution sans pour autant tromper la solution raison pour laquelle l'illusion ne suffit pas comme solution sans doute autre que précision est manquement dans la solution » (La solution certaine est assise sur la précision effective). « Celui qui s'oppose à la solution est faux dans son opposition » (La solution ne s'oppose pas à la solution mais le problème oui, ainsi l'individu qui s'oppose à la solution a une perception injuste de la réalité). « La solution ne nous réserve autre avenir si ce n'est réussir car à la différence du problème elle est l'assise qui apporte plus passant par le sceau de la justice, c'est partant de la différence entre la précision et l'imprécision que nous tenions à la solution comparée au problème à cause de sa faveur ! » (La comparaison n'est pas faisable entre la solution et le problème le bénéfice pareillement). « Mieux nous raisonnons mieux nous solutionnons, celui qui dit non à la précision dit non à la solution, s'efface dans sa conviction » (La précision seule concorde parfaitement avec la solution ainsi s'opposer à elle c'est ne rien faire pour réussir). « L'évident est la solution de tous les temps, aussi longtemps que le problème restera intact l'évidence brillera de sens et en chance pour le résoudre objectivement : sans conteste n'échoue pas face au test !» (La solution au problème relève du sens évident dans la vie qu'on le veuille ou pas). « A moins qu'on ne se trompe de problème le problème ne mène pas à la solution, la solution mal pensée est un problème déguisé » (Nous n'attendons pas la solution du problème d'un mauvais diagnostic le concernant). « Celui qui se préoccupe pour la solution s'arrange à préoccuper le problème ! » (Nettement pensée la solution au problème demande qu'on le préoccupe et non pas le renforce). « Ce n'est pas sans force qu'on triomphe face à la farce » (Nous réussissons face à la farce partant de la force de la raison). « On a raison de se préoccuper face à une solution qui ne répond pas à nos préoccupations car malgré nous même dans cette impasse on se retrouve avec un problème renforcé à résoudre » (La solution ratée renforce le problème souvent). « La solution mal pensée est un problème en plus » (L'erreur dans la solution mène au renforcement du problème). « Une solution mal pensée est un problème mal jugé » (Le jugement déraisonnable du problème n'aboutit pas à un diagnostic convenable pour la solution). « Celui qui ne se préoccupe pas du problème en avance est souvent préoccupé par le problème en retard ainsi au lieu de le contenir il nous contient avant qu'on ne s'invente puis le solutionne » (La solution du problème nous ne l'obtenons pas sans raison comme vocation). « On n'attend pas la solution de la part de celui qui ne comprend pas le problème car dans l'illusion nous nous limitons dans la progression » (L'illusion est une limite pour la progression de l'humain). « Celui qui n'abandonne pas la solution, raisonne avant qu'il n'abandonne » (La raison importe pour qu'on raisonne avant qu'on n'abandonne quelque chose). « La solution n'a autre condition que la précision dans la réflexion dans ce cas partout où la réussite nous importe la vérité se nécessite en guise de solution, la solution d'accord mais la compréhension d'abord » (L'instruction est l'assise de la réussite ce qui fait qu'il réussisse comme solution). « Bien réussit la solution concorde avec la dévotion, la dévotion de la création mène à la solution qui tient à la précision » (La solution dans la création émane de la précision dans la personnalité). « Plus que la théorie la solution ne se passe pas de la pratique pour que la solution nous réussisse il faudrait qu'elle ne se passe pas de la précision mieux l'on élargit son horizon intellectuel plus nous solutionnons les défis existentiels » (L'engagement humain à épanouir davantage l'horizon intellectuel de l'humain lui permet de solutionner au mieux les problèmes de la vie). « Comme il le faut la solution se dresse contre ce qui est faux » (La solution est l'expression contraire du problème). « C'est seulement mal pensée que la pensée entrave l'avancée idem pour la solution à l'endroit de la progression » (La solution ne renforce pas la solution partout où nous la pensons à l'encontre de la précision). « Apprendre est une chose, comprendre en est une autre entre l'existence du problème en réalité et la réalité du problème sur l'existence la différence est majeure et nécessaire pour remonter à la solution par la méthodologie du diagnostic » (L'humain doit savoir dissocier l'existence du problème en réalité de la réalité existante sur le problème pour réussir sa démarche d'atteinte de la solution). « A le vouloir on peut s'opposer à la solution voire vouloir la remplacer par sa solution sans pour autant arriver à bout de la solution : avant et derrière, au-devant tout comme au-dessus de la solution hormis la solution il n'y a que l'illusion qui nous tracasse » (L'illusion nous tracasse en pensant autrement la solution que raisonnablement). « Que la vie est étrange dans la mesure où au moment où des humains s'arrangent pour faire triompher la solution d'autres s'arrangent pour faire triompher le problème aussi longtemps que les individus percevrons la vie autrement ils continueront à être des solutions ainsi que des problèmes les uns pour les autres selon les circonstances de la vie en fonction de l'intérêt qu'ils recherchent » (L'intérêt que nous cherchions dans la vie fait en sorte que nous nous dressions en problème les uns à l'endroit des autres). « Partout où triomphe la raison, triomphe la réussite avec il convient de perpétuer la culture de la droiture pour laisser une ouverture à la droiture comme mesure » (La mesure de la droiture est celle convenable pour permettre à l'individu d'aller de l'avant dans sa quête de la solution). « La solution exige la soumission à la précision » (La solution recommande au mieux de se soumettre à la précision pour réussir dans sa démarche). « Celui qui n'a pas connaissance de son existence peut-il avoir connaissance de la solution dans la vie ? La connaissance de la vie chemine sur celle de la solution » (La connaissance de la vie est pareille à celle de la solution alors qu'il n'y a autre solution que celle de la précision). « On ne pense pas la solution sans solutionner sa pensée : de la pensée certaine émane la solution pleine » (La solution pleine émane de la pensée logique). « Là où s'arrête notre réflexion s'arrête notre compréhension avec en compagnie de la solution qui est notre » (La solution d'un individu est fonction de sa réflexion à travers ses limites). « Ce n'est pas pour solutionner le tort qu'on a tort dans sa solution » (Nous n'avons nullement pas tort de résoudre ce dont nous ne résolvons pas à tort). « La solution du tort empêche qu'on soit fort » (Le tort comme solution ne profite nullement pas au profit durable de l'humain). « Croire à la solution n'est forcément pas la connaitre dans la mesure où nous croyons souvent à tort le chemin qui sépare la proposition à la confirmation de la solution est parfois long » (La proposition et la confirmation de la solution fait deux). « La solution est nécessaire partout où le nécessaire ne se passe pas de la précision » (La solution se nécessite seulement avec précision). « C'est sans raison qu'on s'oppose à la solution autant il est ridicule de penser pouvoir combattre la vérité sans pour autant s'abattre en réalité » (Nous nous trompons en réalité pensant pouvoir chercher la solution en dehors de la précision). « Celui qui vit de nos ennuis ne nous invite pas à la solution mais plutôt profite de notre confusion : c'est ne rien faire pour ne pas vivre égaré que de penser pouvoir profiter de l'ignorance de l'homme égaré ! » (Notre ennemi souhaite nous voir éternellement dans l'ennui). « Avoir du problème et se faire avoir par le problème cela fait deux » (On peut sûrement avoir du problème sans se faire avoir par le problème). « Celui qui n'a pas de problème avec le mensonge se trompe sûrement de problème » (Le mensonge s'appuyant sur l'injustice est source d'ennui). « La connaissance du problème s'accompagne de celle de la solution si certainement la volonté de solutionner ne nous manque pas, celui qui s'invente pour bien connaitre le problème s'active pareillement pour bien connaitre la solution avec en vue de résoudre le défi en face, un problème connu mène à une solution réussie plaise à Dieu » (La connaissance du problème s'accompagne de celle de la solution si la volonté de bien connaitre ne nous manque pas). « Le problème manquera de solution aussi longtemps que nous refuserons d'adopter la solution convenable au problème qu'on a en face : quand la solution pose problème c'est que le problème est mal compris !» (L'absence de volonté pour appliquer la solution convenable au problème dont nous faisons face nous affaiblit davantage). « Peu importe le degré de la solution c'est de la précision qu'elle découle » (La solution émane de la précision). « L'importance de la solution ; c'est la concordance de la précision » (La suffisance de l'évidence la procure l'importance de la solution). « Une fois bien pensée au lieu d'être un facteur de désunion la solution doit plutôt être synonyme d'union, d'inclusion autour d'une cause commune promouvant l'intérêt commun elle renferme en elle la capacité de mobiliser l'ensemble en un pour la préservation du gain commun » (La solution bien pensée rapproche les cœurs plutôt que n'en sépare). « Point de précision sans solution, point de solution sans précision » (La solution et la précision vont de pair). « Il est certes possible pour l'individu d'échouer avec sa solution cependant on n'échoue pas avec la solution » (La solution de la précision est la solution des solutions). « La solution certaine n'est nullement pas vaine par conséquent elle est pleine dans sa manière bien réussie s'opposant à l'erreur comme repère cela dit celui qui soigne son orientation s'avise dans sa solution » (Il importe pour l'humain d'être prudent par rapport au choix d'orientation, orientation laquelle une fois précise lui permet de prospérer). « Celui qui refuse de voir la vérité refuse de savoir la solution avec dans la mesure où la solution est dans la vérité » (L'ouverture de l'individu à la vérité est celle qui chemine sur la solution dans la logique où la vérité est complice de solution). « La précision répond à la prévision raison pour laquelle elle ne fausse pas comme solution, soyez précis de manière ainsi vous ne serez pas surpris dans vos projections : La meilleure manière de prévoir l'avenir c'est la clarté envers soi-même » (Le fait d'accepter la clarté envers soi-même tout en reconnaissant ses limites de la part de l'individu cela est la meilleure manière pour ce dernier de voir clair dans l'avenir). « Plus on se croit parfait plus on doit s'en faire moins on se croit parfait moins on doit s'en faire à condition que la volonté de se parfaire ne nous manque pas, il importe pour l'humain cohérent de s'éclairer éternellement en vue de s'épanouir intellectuellement notre proximité avec la solution réside dans l'engagement que nous faisions en vue d'aboutir sincèrement nos projets dans le stricte respect de la logique de la précision » (L'importance pour l'humain de s'accomplir davantage dans l'apprentissage est un facteur dopant de la connaissance humaine gage de solution en tenant à la référence de la précision). « Quand il nous dépasse parlant du problème arrangeons nous pour le surclasser ne rien faire pour s'en faire du problème c'est penser qu'il sait tout faire donc trop craindre le problème nous éloigne de la solution plus qu'il ne nous rapproche en somme » (Le courage est requis de la part de l'individu en vue d'atteindre la solution dans sa vie). « La solution qui ne tient pas face aux épreuves est une solution de figuration » (La solution de figuration enlise plutôt qu'elle ne renforce). « Celui qui s'accroche à la précision s'accroche à la solution avec, accrochons nous à la vérité sagement nous nous ouvrons la porte de la réussite, la réussite se mérite, la solution également qu'est le gage qui nous mène au succès il n'y a donc pas de solution sans précision » (La persévérance dans l'évidence est l'expression de la suffisance dans le sens). « Connaitre la solution et puis l'adopter cela fait deux » (La connaissance de la solution et puis son adoption par l'individu n'est pas la même chose). « Force est à la solution qui concorde avec la précision » (Quand elle concorde avec la précision c'est que la solution est efficace). « Dans la vie celui qui a tendance à ignorer son problème le repousse sur autrui, l'une des meilleures manières de résoudre ses problèmes c'est de reconnaitre sa responsabilité étant l'acteur central de son destin » (L'humain est souvent à la base de ses propres ennuis en reconnaissant cela il peut adopter le chemin utile pour l'amélioration de sa vie). « Derrière toute condition de réussite se cache une imposition de solution, face aux préoccupations du problème » (Celui qui ne démarque pas la réussite de la solution puis la solution de la réussite vice-versa vit bienheureux). « Bien plus que la réflexion la solution c'est la précision ni plus ni moins » (La solution fait appelle à la précision bien plus que la réflexion). « La précision détruit pour construire puis construit pour ne pas détruire cependant l'illusion construit pour détruire, détruit pour ne pas construire : quand l'autre est la différence est !» (La différence est pertinente entre l'illusion et la précision dans la vie dans la mesure où l'une et l'autre s'opposent certainement dans le principe). « Si la solution était n'importe quoi n'importe qui pouvait solutionner sans pour autant raisonner » (La solution n'étant pas n'importe quoi n'importe qui ne peut pas solutionner). « Celui qui est maitre de soi est juste en soi ; la justesse dans le choix procure la sagesse dans la voie ainsi nous aguerrit face aux défis de la vie la solution se trouve également dans la capacité pour l'individu de se tenir comme nous la recommande la raison comportementale » (Notre conduite détermine en partie la capacité pour nous à réussir face aux enjeux de la vie nous nous formons partant de notre conduite en vue d'être à même pour bien répondre aux défis de l'existence). « Dans la vie l'homme sage se démarque par les bonnes préoccupations puis son engagement à faire face à ses soucis en les apportant les solutions idoines qui existent » (L'humain cohérent sait se démarquer par son intelligence dans la vie, en apportant des solutions sages face aux enjeux existentiels).

L'INTELLIGENCE ET L'ININTELLIGENCE

« L'intelligence n'est pas l'absence de toute insuffisance chez l'humain par contre elle traduit sa capacité à la vaincre au mieux, la possibilité pour celui-ci de canaliser son insuffisance à souhait traduit son intelligence dans son fait » (L'intelligence est un combat existentiel qui s'appuie sur la capacité par l'individu à combattre au mieux ses lacunes non pas en les ignorant mais plutôt en les transformant en opportunité). « Le combat pour l'intelligence ne se mène pas contre l'intelligence raison pour laquelle certainement on peut se mentir sur l'intelligence cependant on ne peut pas mentir à l'intelligence » (L'intelligence nous ne la soutenons pas sans passer par le canal de la cohérence tout autre argument contraire est complice d'inintelligence). « On est intelligent que pour soi d'une part car le profit que nous tirions de notre aisance d'esprit profite à nous même en premier lieu alors utile est pour chacun de se faire malin pour atteindre son gain en vue de vivre certain puis venir au secours à ses prochains en second lieu car celui qui est incapable de subvenir à ses propres charges ne pourra nullement pas décharger son prochain de la sienne, l'intelligence est l'atout majeur qui facilité et honore la cohésion sociale en la rendant gagnante » (La vie certaine nous la menons en sachant bien s'accomplir selon la recommandation de l'intelligence, plus nous nous cultivons nous prenons en charge puis aidons les autres à se prendre en charge l'intelligence joue dans ce sens un rôle de stabilisation de la cohésion sociale). « Moins c'est prudent plus c'est perdant car inintelligent » (La chose qui manque d'intelligence s'exprime dans l'insuffisance). « La réalité est la suivante à défaut d'avoir l'intelligence on se fait avoir par l'intelligence : nous ne manquons pas d'intelligence et d'inintelligence à la fois » (L'individu possède l'intelligence ou l'inintelligence selon la circonstance de la vie à des étapes différentes faces à des réalités différentes donc nous ne manquons pas d'intelligence et d'inintelligence à la fois). « Même intelligent on apprend dans la mesure où l'apprentissage est le pilier de l'intelligence, celui qui n'est pas intelligent pour rien sait sur quoi compter pour prouver sa largesse d'esprit » (L'intelligence ne se passe pas de la condition de la précision dans la réflexion). « Evidemment c'est bien l'intelligence qui nous manque pour qu'on situe le manque dans l'intelligence » (Celui qui situe le manque dans l'intelligence se trompe sur l'intelligence). « C'est bien intelligent qu'on est gagnant » (La victoire est dans le savoir et le savoir s'acquière par l'intelligence). « Quand l'intelligence pose problème c'est que l'inintelligence est mal comprise » (L'intelligence n'a autre vocation que de solutionner les problèmes en la voyant autrement cela dénote de l'erreur d'appréciation de notre part). « C'est bien intelligent qu'on est rayonnant » (L'intelligence fait rayonner l'existence humaine par la suffisance qu'elle incarne). « Sincèrement si l'existence nous importe c'est que l'intelligence nous rapporte avec car c'est dans le bon sens qu'on se renforce contre l'insuffisance » (La valeur de l'existence incombe en partie sur la valeur de l'intelligence). « L'intelligent n'a autre élan différent de celui évident, le bon sens est la seule assise sur laquelle s'appuie l'intelligence dans l'existence, quand elle a droit d'être cité l'intelligence s'affiche contre l'inintelligence et cela partant de l'appui de la connaissance » (La base de l'intelligence réside dans l'essence de l'évidence en la cherchant autrement nous nous fourvoyons). « On n'est jamais intelligent pour ne plus l'être voilà pourquoi même intelligent on apprend » (L'intelligent apprend car l'intelligence se nourrit de l'apprentissage). « Ce qui est mortel pour l'intelligence et la connaissance pour l'individu c'est l'outrecuidance, le fait de se situer à la limite du savoir ce qui ne fait que limiter notre savoir car aussi longtemps durera la vie durera l'apprentissage pour l'immortel par conséquent dans l'impossibilité pour l'humain de dire quand il ne sera plus de ce monde il ne pourra pas s'hasarder à dire quand précisément il cessera d'apprendre » (L'apprentissage est à vie pour l'esprit malin, penser qu'on s'auto suffise en connaissance et ne plus nourrir la volonté d'en chercher davantage d'éclaircissement est dommageable pour notre crédibilité intellectuelle). « Quand l'intelligence nous menace c'est qu'on ne s'est pas protégé ; ce à quoi l'intelligence s'oppose dans l'existence c'est l'inintelligence cela dit quand l'intelligence nous menace c'est qu'on se menace soi-même » (L'intelligence n'est pas une menace pour l'individu intelligent car il se protège avec et non pas à son encontre). « Tout ce qui ne nous trompe pas sur l'intelligence est qu'elle ne nous trompe pas pareillement à la vérité » (Bien éclairée l'intelligence ne trompe personne bien sûr qu'on peut souvent se tromper la concernant). « La connaissance puis la confiance en l'intelligence font la suffisance du connaisseur » (Le connaisseur suffit à partir de la connaissance et de la confiance à l'intelligence). « Plus c'est intelligent mieux c'est convaincant et gagnant » (L'intelligence détermine la cohérence et la victoire dans la manière). « Celui qui nous conseille l'intelligence nous conseille la confiance à la suffisance dans l'existence, notre ennemi ne nous veut pas intelligent au contraire il nous motive à aller à l'encontre du bon sens cela traduit l'importance de l'individu qui nous invite à adopter l'intelligence comme marge » (L'intelligence comme conseillère est meilleure pour s'épanouir). « Quand on n'est pas intelligent à son détriment certainement qu'on ne l'est pas sans argument » (L'intelligence c'est la lucidité dans la pensée). « Quand on a l'intelligence de penser nous ne pensons pas contre l'intelligence au fait » (L'intelligence de penser ne nous amène lucidement pas à penser contre l'intelligence dans la mesure où l'intelligence seule renforce l'intelligence). « Tout est clé chez l'intelligence voilà pourquoi l'intelligence est suffisance venant du bon sens, ce qui manque à l'intelligence ne signifie pas un manque pour l'intelligence » (La réunion de la suffisance sensuelle fait l'intelligence cependant nous ne saurons nullement pas exprimer une faille quelconque de sa part). « L'intelligence, c'est l'intelligence ni plus ni moins, celui qui ne se trompe pas sur l'intelligence n'ignore pas qu'elle ne le trompe pas dans l'existence, devant derrière, au dedans tout comme au dehors de l'intelligence c'est l'intelligence qui commande » (L'intelligence est la même elle nous situe dans la vie ainsi elle n'émane d'autres concours à part celui de l'évidence certaine). « La cause de l'intelligence est celle qui s'oppose à l'inintelligence raison pour laquelle l'intelligence n'est pas l'égale de l'inintelligence : seule l'intelligence cause l'intelligence, ce qu'il faut pour l'intelligence c'est l'intelligence ni plus ni moins c'est dans la confusion que nous nous trompions sur la direction de la précision alors que même confus sur la réalité elle ne change pas d'un iota » (L'intelligence est la base certaine de l'intelligence dans le temps et l'espace, nous cheminons de l'intelligence pour atteindre l'intelligence, sans logique aucune comment peut-on accroitre son savoir ?). « Intelligent même si on a des problèmes nous arrivons cependant à bout de nos problèmes car précis nous réussissons, l'intelligent n'est pas celui qui ne connait pas de problème mais précisément il est celui qui connait le plus généralement son problème car comment solutionner un problème que nous ignorions » (La réussite dans la vie tient à l'intelligence dans la manière). « Celui qui ne mesure pas la vie à sa juste valeur ne s'appuie pas sur la rigueur de la lumière seulement ce qui nous dit l'intelligence sur l'existence est cela qui suffit à la comprendre aisément » (L'existence se mesure bien partant du sceau de la connaissance dans la vie). « Celui qui n'aime pas rêver d'une part n'aime pas prospérer : nourrissons de bons rêves ainsi nous connaitrons la bonne progression » (La bonne progression émane d'un calcul intelligent dans la vie). « Innover ne demande pas qu'à opérer mieux à s'éclairer pour explorer » (La nécessité de la raison dans la réussite de l'œuvre scientifique est incontournable). « L'importance de l'intelligence c'est bien l'évidence qui nous la dit : nulle intelligence ne s'assume sans intelligence à l'appui » (L'évidence renforce le cheminement de la suffisance intelligente). « Une fois intelligent on n'a pas la foi contre l'évidence, comme foi tout comme choix seule l'évidence forge l'intelligence » (L'intelligence qui réussit émane logiquement de l'évidence). « C'est bien intelligent qu'on ne s'oppose à l'intelligence en rien » (L'intelligence rassure celui qui la situe avec droiture). « Plus c'est intelligent mieux c'est rassurant » (L'assurance est dans l'intelligence réflexive). « Partout où l'intelligence nous dérange c'est qu'on ne s'arrange pas car pas de bon sens pas de suffisance » (Nous devons accepter l'intelligence pour renforcer sa compétence dans la vie). « C'est logiquement avec intelligence qu'on s'oppose à l'ignorance ainsi s'opposer avec ignorance n'est pas le propre de l'intelligence ce qui déduit fort logiquement que l'intelligence c'est la tête en avant ainsi les pieds en arrière pour une harmonisation judicieuse de l'effort humain » (L'harmonisation judicieuse de l'effort humain demande la tête en avant et les pieds en arrière). « Plus on est intelligent mieux on est conquérant en tout et pour tout seule l'intelligence renforce l'importance dans l'existence » (L'intelligence renforce la cohérence de l'existence de l'humain). « Tout de savant est intelligent pareillement tout d'intelligent est savant » (L'intelligence est l'expression typique de la connaissance dans le sens). « L'intelligence n'est pas ce qu'on pense quand ce qu'on pense s'oppose au bon sens plus que le sens l'intelligence c'est le bon sens ni plus ni moins » (La particularité du bon sens renforce l'intelligence). « S'il n'y a pas de bon jour pour vivre inintelligent c'est qu'il n'y a pas de mauvais jour pour vivre intelligent une fois garant de sa vie évident l'humain doit se forger pour sortir gagnant de défis de la vie » (L'intelligence appelle à l'évidence de l'humain dans la vie). « Le combat pour l'intelligence ne se nourrit pas contre l'intelligence au juste rien d'intelligent ne s'oppose à l'intelligence » (L'intelligence réussit selon l'intelligence). « Ce que l'intelligence nous interdit, c'est ce qu'il faut juste s'interdire pour réussir ; quand la réussite nous empêche de réussir c'est qu'on n'est pas sur la bonne voie pour réussir » (L'intelligence est un calcul qui tombe net si nous le posons bien). « A défaut de l'intelligence nous vivons l'intelligence du défaut » (L'intelligence du défaut est ce qui nous vient à défaut de l'intelligence). « Moins c'est intelligent plus c'est inquiétant » (L'inquiétude revient de l'intelligence). « Certes on peut se tromper d'intelligence cependant on ne peut pas tromper l'intelligence » (L'individu peut se tromper au sujet de l'intelligence sans pour autant qu'il n'arrive à tromper l'intelligence comme sujet). « Rien d'intelligent n'est désolant car l'intelligent en tout et pour tout rend gagnant » (L'intelligence renforce l'esprit de la victoire humaine dans le temps et l'espace). « A défaut de promouvoir l'intelligence nous promouvons l'ignorance à l'encontre de la suffisance celui qui s'oriente à défaut de s'instruire ne pourra que se nuire » (Quand l'investissement est mal pensé il s'accroche à l'essor du mal). « Si ce n'est pas mal d'investir c'est que l'investissement se fait à l'encontre du mal pareillement pour l'instruction qui s'accroche à la précision nous mène à la solution : soignez-vous ainsi rendez-vous intelligents pour vivre gagnants » (Nous vivons gagnants partout où nous nous renforçons intellectuellement). « L'intelligence n'a autre secret qui saurait s'éloigner du sens concret : autre que bon sens est manquement dans l'intelligence » (Toujours c'est partant du bon sens que l'intelligence rassure en toute suffisance). « On est intelligent dans sa maitrise sans pour autant avoir la maitrise de l'intelligence car seule l'intelligence a la maitrise de toutes les intelligences raison pour laquelle aucune intelligence ne manque à l'intelligence pareillement on est connaisseur dans sa maitrise sans pour autant avoir la maitrise de toutes les connaissances » (L'humain intelligent ne détient pas la maitrise de l'intelligence ni de la connaissance par contre il se fait intelligent et connaisseur en s'instruisant). « L'intelligence n'est autre que l'absence du non-sens dans le sens » (L'absence du non-sens dans le sens c'est bien l'intelligence). « Le vrai intelligent ne dément pas l'intelligence de la vérité » (L'intelligence n'est que vérité comme elle se doit la vérité fait l'intelligence dans l'existence). « La connaissance de l'intelligence prouve l'intelligence de la connaissance on ne chemine pas sur l'intelligence en s'accrochant au chemin de l'inintelligence » (Le chemin de l'inintelligence ne mène pas à la suffisance voulue par l'intelligence). « Ce qui ne se fait pas pour l'intelligence se fait contre l'intelligence c'est tout pareillement ce qui ne se fait pas pour l'inintelligence se fait à son encontre » (L'intelligence et l'inintelligence s'opposent formellement dans la logique). « Ce n'est nullement pas en ignorant non plus en errant exclusivement qu'on devienne intelligent mieux en s'instruisant » (L'instruction fait l'intelligent dans sa directive). « L'intelligence n'est qu'ouverture dans la mesure où celui qui la pense autrement bien sûr qu'elle lui pose du désagrément car une solution mal pensée peut-être un problème de plus au lieu d'en être de moins étant ratée » (La positivité est le propre de l'intelligence raison pour laquelle elle suffit comme solution). « Autant on n'attend pas la solution de la part de celui qui ignore le problème autant on n'attend pas l'intelligence de la part de celui qui ne se situe pas sur l'inintelligence ; pour s'attendre à l'intelligence il faudrait qu'il ait un sens dans la capacité de dissocier le bon sens du non-sens » (La différence du non-sens et du bon sens atteste la présence de l'intelligence et l'inintelligence). « Ce qui se pense évidemment garantit sagement car le renfort est dans l'intelligence, la suffisance avec » (L'intelligence renforce l'individu dans sa pensée). « S'il est impossible de cacher l'intelligence à l'intelligence c'est que l'intelligence est le creuset de l'intelligence car partant de sa marque de suffisance elle garantit l'excellence dans la donne » (Nous comptons sur la suffisance de la part de l'intelligence ce qui la renforce en toute lucidité). « Celui qui pense pouvoir tromper l'intelligence se trompe bien sur l'intelligence » (L'erreur est une réalité laquelle est bien saisie par l'intelligence de long en large). « On s'élargit l'horizon de la vie partant du canal de l'intelligence et non pas le contraire quand l'intelligence s'emploie c'est bien contre l'inintelligence » (Le sceau de l'intelligence s'applique contre l'inintelligence dans l'existence). « La démence ne fait pas l'intelligence raison pour laquelle outre que la suffisance on n'attend rien d'autre de l'intelligence au juste dans l'existence » (Seule l'intelligence renforce la suffisance de l'humain dans l'existence). « Ce qui se dirige contre la vérité se pose à l'encontre de la personnalité, bien intelligent on ne fait rien qui va à l'encontre de l'intelligence sinon nous nous compromettons l'existence » (L'intelligence recommande en tout et pour tout de ne rien faire à l'encontre de la connaissance certaine). « La vie qui estime l'avantage à sa juste valeur ne se fait pas contre l'avantage de la valeur ; l'erreur n'est pas la manière de l'avantage qui se sait » (Bien sage nous tirons profit de l'avantage). « Outre la chance l'intelligence c'est le bon sens » (Le bon sens détermine l'intelligence en plus du sens). « Pourvu qu'on aborde l'existence du bon côté l'intelligence nous sourit en réalité celui qui aborde la vie sagement la gagne librement » (L'intelligence ne fait pas perdre celui qui ne se trompe pas de perte dans l'existence). « C'est bien intelligent qu'on gagne de l'ascendance » (Nous gagnons de la maturité partout où nous déterminons l'intelligence en toute lucidité). « On doit se donner à l'intelligence pour coordonner son existence, la vie qui s'accorde parfaitement avec le bon sens concorde parfaitement avec la suffisance : la différence n'est pas mal comme choix si nous ne choisissons pas mal ni ne différencions pas mal » (La différence renforce la cohérence humaine dans l'existence). « Bien l'on mesure mieux on se rassure » (Pour se rassurer dans la vie nous devons partir du sceau de l'intelligence). « L'intelligence n'a autre exigence qui ne saurait concorder avec le choix du bon sens » (L'existence de l'intelligence concorde logiquement avec le choix du bon sens). « Ce qui ne sert pas à l'intelligence ne sert pas à l'existence : tout d'intelligent est gagnant et important » (L'intelligence c'est la victoire et la stabilité). « L'intelligence dans le choix ne demande pas de choisir contre l'intelligence plutôt avec » (Nous ne choisissons pas contre l'intelligence par contre nous choisissons avec intelligence si nous nous voulons utile dans le choix).

LA VIE ET LA MORT

« La mort n'est pas l'absence de la vie mais la vie dans l'absence : à notre mort nous vivons sous une autre façon » (La mort nous conduit à la vie sous une autre façon). « Autant la vie est importante la mort ne l'est pas moins dans la mesure où la vie et la mort s'accompagnent l'une et l'autre sagement nous œuvrons pour tirer le maximum de profit de l'un des deux états alternatifs de la vie globale, œuvrons à marquer notre vie tout comme notre mort en étant responsable dans sa démarche » (L'utile dans la vie de l'individu intelligent est d'œuvrer pour tirer le mieux profit de la mort tout comme de la vie). « La vie que nous avions mené détermine le mort que nous sommes, après avoir vécu sa vie à soi nous connaitrons notre mort de choix selon le mérite » (Notre valeur dans la vie a trait avec celle de la mort, on est récompensé par ce qu'on a posé comme fait). « La mort ne désavantage pas celui qui ne se désavantage pas avant de mourir nullement la mort ne constitue pas un frein pour la réussite de la vie si nous œuvrons sagement avant de la connaitre : avant que ne nous vienne la mort intelligent nous devons nous atteler à marquer notre vie de la meilleure des manières » (L'intéressant dans la vie de l'individu est de mieux s'assumer avant que la mort ne lui arrive). « Même mourant on n'est pas perdant si et si seulement si vivant nous nous sommes fait évidents, la victoire dans la vie assure la victoire dans la mort » (Une orientation rigoureuse de notre vie selon la consigne évidente du bon sens nous permet d'avoir une mort paisible et éclairée). « Chez les vivants l'homme mort a déjà marqué son sort, chez les morts il en découdra avec la réalité de l'au-delà » (Notre sort sur cette terre ici-bas nous cessons de l'alimenter une fois mort ainsi dans ce sens commence la vie d'après la mort où nous serons confrontés à une autre réalité). « Quand on se questionne sur la mort ce n'est nullement pas pour la stopper mais plutôt la comprendre pour ne pas ignorer comment s'y prendre en l'affrontant un jour où l'autre : à défaut de rendre la mort incontournable on peut mener une mort raisonnable en s'illuminant la concernant » (Nous ne connaissons jamais assez la mort pour ne pas mourir mais nous pouvons bien la préparer en sachant que faire avant qu'elle n'arrive). « Le bon jour pour mourir est ce que Dieu aurait décidé pour nous humains mortels » (Selon la convenance de Dieu la mort nous vient au moment précis). « Même si on n'a pas prévu un moment pour mourir, en tant qu'individu intelligent on ne peut pas prévoir tout le temps pour vivre » (L'individu ne peut pas vivre tout le temps mais il vit son temps). « Dans la vie on peut assister à des morts, puis à sa mort pour ne plus assister à une autre mort le plus souvent » (Le plus généralement après avoir connu sa mort nous n'assisterons pas à une autre mort de ce genre). « Si la mort n'a pas de solution c'est parce que la mort en soi est une solution pour l'humain » (Nous ne connaissons pas la mort pour rien à s'en tenir aux multiples versions des Hommes de cultures, de religions chacun expliquant selon sa manière la mort à son utilité dans la vie humaine). « Tant que la mort sera une réalité on mourra en réalité » (La réalité de la mort nul ne peut l'esquiver pour quelle raison que ce soit). « Certes on peut être conscient de la mort sans mourir avec sa conscience, croire à la mort et puis la craindre cela fait deux car celui qui se sait mortel puis celui qui prépare dignement sa mort cela fait deux » (La reconnaissance de notre dimension mortelle ne traduit pas notre acceptation à adopter les comportements recommandés pour bien la préparer). « La vie sincère n'impose rien au vivant qui puisse aller au-delà de sa réussite, si la vie a une règle ce n'est pas pour la dérégler » (Les bonnes règles de la vie contribuent à bien structurer notre existence dans le temps et l'espace). « La vie c'est l'importance celui qui mesure mal sa vie la situe avec nuisance, moins elle est évidente moins elle est gagnante parlant de la vie » (La vie éclairée se veut évidente dans la mesure où celui qui s'éclaire bien rend gagnante sa vie). « Une vie détruite est l'émanation d'une pensée erronée, celui qui ignore comment s'y prendre dans la vie passe à côté de l'essentiel » (Moins nous raisonnons notre vie plus elle nous rabaisse plus nous la raisonnons plus elle nous élève). « On ne se bat pas pour ne pas mourir cependant on se bat, pour ne pas vivre pour rien » (La vie utile consacre la réussite de la mort). « La vie ne punit pas celui qui ne se punit pas, en fait à moins qu'on ignore comment s'y prendre la vie ne désole pas celui qui ne l'ignore pas » (La capacité de bien comprendre la vie tout en posant les actes qui rentrent dans le cadre de sa réussite permet à l'humain d'en tirer positivement profit). « Là où la vie nous intéresse la mort nous intéresse pareillement dans la mesure où la vie s'accompagne de la mort, s'éclairer sur l'une sans le faire sur l'autre demeure un éclairage à demi-teinte » (La bonne connaissance de la vie et de la mort renforce notre solidité dans la vie). « Derrière chaque vie se cache une leçon pareillement derrière chaque leçon se cache une vie, les grandes lignes de la vie s'écrivent à travers les leçons du destin » (Notre destinée grave d'une marque indélébile les grandes lignes de la vie dans le livre de notre existence). « La vie est clé car mal pensée elle est souvent à regretter amèrement » (Nous regrettons la vie dans la mesure où nous ignorons comment s'y prendre). « Il arrive souvent qu'on ne soit pas d'accord avec son avis cependant si nous le sommes avec la raison le désaccord nous profite pleinement la vie n'est pas faite que d'accord ou de désaccord mais plutôt de concession tenant à la résolution de la précision » (La raison détermine l'utilité de la concession de la vie). « Dans la vie tout de raisonnable est positivement comptable » (La raison compte logiquement dans la vie de l'individu). « La raison n'ordonne rien qui désordonne la vie » (Dans la vie ce qu'ordonne la raison, ordonne la progression). « Dans la vie la vérité fait la qualité de la personnalité, plus nous raisonnons plus nous brillons moins nous raisonnons moins nous brillons dans la vie, ce qui rend meilleur la vie est justement ce qui s'éloigne de l'erreur dans l'avis » (L'erreur n'est nullement pas ce qui rend meilleur la vie). « Ce n'est seulement pas en croyant à la vie que nous la gagnions mais mieux en la travaillant pour qu'elle produise le résultat de notre souhait » (La vie ce n'est pas que la croyance mais aussi et surtout c'est le souhait). « La mort qu'elle nous touche de près ou de loin elle est la mort donc peu importe notre degré d'affection nous devons respect à l'âme du défunt, l'humanité à la différence de l'animalité célèbre dignement la mort tout en n'ignorant pas la tristesse qui l'entoure ainsi que les différentes leçons qui y vont avec » (La vie est faite d'humanité pareillement nous célébrons la mort ainsi toujours synonyme de maturité).

LA CHANCE ET LA MALCHANCE

« La chance ne s'éloigne pas de la prudence pour celui qui a sa conscience ; si la chance est une réalité cependant il ne faut pas s'opposer à la réalité de la chance ce qui déduit le fait que pour s'épanouir dans la vie il importe pour l'humain consciencieux de promouvoir sa chance en vue d'endiguer la malchance » (La chance nous la cultivons pour nous épanouir dans la vie). « La chance ; la puissance, la suffisance tout comme l'importance rien ne manque au bon sens raison pour laquelle sans conteste : le bon sens est le sens par excellence » (Voulant de la chance on doit s'ouvrir au bon sens). « L'ignorance est la chance de toutes les malchances quand l'ignorance nous sourit c'est pour après nous nuire » (L'ignorance n'est pas une chance pour celui qui ne se trompe pas de chance). « La chance n'est pas dans l'absence, la présence d'accord, plus qu'une vaine parole la chance s'exécute dans le travail » (Nous accomplissons la tâche à travers le travail que nous menions). « Nous n'attendons pas la chance pour être chanceux dans son attente ainsi nous l'opérons pour qu'elle puisse bien nous profiter ; nullement l'inactivité ne fait pas la réussite voulant de la chance nous devons opérer à sa victoire » (La croyance de la chance ne se limite seulement pas à l'attente et la confiance démesurée de l'humain mais plutôt son engagement à servir comme la lui recommande la chance dans la vie). « La différence est une chance si toutefois elle s'accomplit dans le bon sens » (S'accomplissant dans le bon sens la chance renforce la suffisance humaine partant de la différence). « La chance n'est pas sans importance quand on la situe dans le bon sens : bien pensée la chance promet la réussite humaine ! » (La chance reste dans la direction exclusive du bon sens). « Le désaccord avec le bon sens s'exécute avec l'opposition avec la chance » (Le désaccord avec le bon sens conduit à la malchance). « Le propre de la malchance c'est l'ignorance ni plus ni moins » (La malchance est dans l'inconscience de la conduite). « On est chanceux face aux enjeux quand on se fait éclairé » (Face à l'enjeu nous sommes chanceux dans la mesure où nous raisonnons). « Celui qui s'arrange dans l'ignorance s'arrange pour sa nuisance, la chance mal pensée n'a d'égale que la malchance » (La malchance est la chance mal pensée). « La chance c'est la guidance ; bonne est la guidance certaine est la chance » (La chance certaine émane de la guidance cohérente de l'humain dans l'existence). « La réponse appropriée à la malchance c'est la chance ni plus ni moins » (La chance certaine est la réponse appropriée à la malchance). « La malchance n'empêche pas qu'on pense plutôt qu'on avance » (La chance n'est pas l'égale de la malchance). « La chance c'est la confiance ; celui qui mesure bien sa confiance mesure bien sa chance, la droiture est l'ouverture pour la chance » (La chance est dans l'ouverture de la droiture). « La chance est élégance en la présence de la conscience » (La présence de la conscience détermine l'élégance de la chance dans l'existence). « Partout où la chance s'éloigne de l'avantage, la malchance nous guide en suffisance, quand la chance ne nous profite pas c'est qu'on se trompe la concernant sinon la chance ne nous trompe pas dument pensée partant du bon sens dans l'existence » (Le bon sens dans l'existence nous permet de renforcer notre chance existentielle). « La chance n'est pas ce qu'on pense si ce qu'on pense ne s'oppose pas à la malchance » (La chance certaine s'oppose à la malchance). « Ce n'est pas mal d'avoir la chance par contre se faire avoir par la malchance oui » (La chance est rentable par contre la malchance non ainsi il faut la fuir). « L'assurance n'est pas dans la malchance raison pour laquelle l'ignorance ne nous assure jamais » (L'ignorance ne nous assure pas partant de la malchance qu'elle incarne). « Ce n'est pas la faute à la malchance si la chance existe vice-versa plutôt l'humain doit sagement s'évertuer à réussir dans sa démarche » (Réussir dans sa démarche recommande à l'humain de s'épanouir en toute lucidité). « La chance est l'effort du courage et non pas le courage contre l'effort » (Il est toujours préférable d'avoir la chance à travers un engagement constructif). « La malchance maintient par derrière car étant le produit de l'erreur elle nous fait la guerre au lieu de nous aider à faire notre guerre » (Une chose est sûre il est utile de s'éloigner constamment de la nuisance, de l'ignorance pour renforcer le bon sens dans la vie). « Pour avoir la chance il faut s'évertuer à la savoir au mieux » (La connaissance certaine renforce la chance existentielle). « La chance n'a autre sens que le bon sens comme référence » (Le bon sens comme référence est la chance certaine dans l'existence). « A jamais l'avantage est dans la chance, mieux pensée la chance assure l'avancée partant de l'importance dans l'existence » (L'importance du bon sens fait la part des choses dans l'existence). « La vérité sur la chance est que la chance est une réalité pareillement pour la malchance, de la chance à la malchance l'apport de l'humain est déterminant dans l'accession à l'un ou l'autre état » (Pour accéder à la chance ou à la malchance notre apport est toujours déterminant dans son orientation). « Partout où l'on s'exige le bon sens on s'exige la chance ; durable la chance a une dimension raisonnable » (La raison est l'assise de la chance). « La chance s'oppose à la démesure voilà pourquoi elle est une barrière contre la malchance ; autant la chance n'est pas sans enjeu à moins qu'elle ne soit dangereuse pareillement la malchance n'est pas sans enjeux à l'égard de la chance à moins qu'elle soit mal pensée » (La malchance et la chance s'opposent clairement). « Celui qui ne se trompe pas de vie se comble dans sa chance » (Une vie bien pensée mène à une chance certainement solide). « L'ignorance engendre la dépendance plutôt que la chance qui mène à l'indépendance celui qui souhaite vivre la suffisance, la chance avec s'accomplit dument à l'encontre de l'ignorance et non pas avec » (La compréhension certaine du fait que la connaissance s'oppose à l'ignorance est utile dans la vie pour dissocier la chance de la malchance). « Malchance est ce qui nous empêche de ne pas s'empêcher de l'ignorance » (La malchance nous encourage à encourager l'ignorance » (L'ignorance est le sens qui nous demande de s'opposer au bon sens tout simplement pour ne pas être à l'abri de la nuisance). « Nul n'accroit sa chance dans l'inconscience du bon sens » (Le bon sens est l'ultime manière d'accroitre intelligemment la chance humaine). « La malchance est aussi et surtout la chance dans l'inconscience, celui qui ne sait pas comment accroitre sa chance ne fait rien pour la promouvoir ni n'opère pas pour circonscrire sa malchance » (La capacité pour l'individu d'accroitre sa chance passe par celle de bien connaitre les procédures entrant dans sa consolidation puis la capacité également pour ce dernier de distinguer la chance de la malchance). « Tous les jours sont bons pour être chanceux » (La chance est utile pour tous les jours). « C'est souvent une chance de connaitre la souffrance car pour l'éviter il faut d'abord la connaitre étant donné que les dures leçons de la vie nous permettent de concevoir les jours heureux dans l'avenir quand on y prend compte intelligemment » (La chance de connaitre la souffrance est une issue heureuse pour l'individu qui sait tirer profit des dures leçons de la vie). « La chance pour toujours c'est le bon sens à son secours, celui qui ne joue pas de détour au bon sens s'ouvre à la chance pour l'éternité » (La chance éternelle est dans le bon sens comportemental). « La chance c'est la puissance dans l'existence, face au enjeu chanceux et courageux généralement nous tirons notre épingle du jeu » (La chance et le courage combinés permettent à l'humain de réussir face aux soucis de la vie). « Ce n'est pas une chance de s'opposer au bon sens ainsi l'avantage que nous procure l'association avec le non-sens est un avantage qui laisse à désirer » (L'avantage certain est cela que nous acquérions passant droitement par le canal de la raison). « La chance n'est pas que la confiance mieux elle demande l'évidence comme référence si la chance est aux cotés des audacieux ils ne se limitent seulement pas à croire mais mesurés et éclairés ils s'investissent pour bien s'épanouir en réalisant matériellement ce qui leur tiennent à cœurs : souvent la chance que nous profitions est fonction de la personnalité que nous incarnions » (La bonne chance nous ne l'obtenons en ne rien faisant sinon nous la détruisons ; l'accomplissement de l'individu compte d'une part dans le cadre de renforcement de sa chance, si la nature nous donne la chance d'une part d'autre part nous œuvrons pour la renforcer cette chance). « La malchance est souvent une incidence qui se provoque par l'insouciance de l'individu, quand nous ne faisons rien pour vivre chanceux il n'est cependant pas étonnant que nous vivions malchanceux » (La malchance nous l'augmentons à notre défaveur en ne rien faisant pour accroitre la chance dans la vie). « L'existence c'est la chance mais aussi et surtout la malchance, dans la vie on ne doit pas s'attendre qu'à la chance ou à la malchance exclusivement plutôt l'alternance des deux valeurs » (La chance et la malchance s'alternent dans la vie). « La vie que nous menions construit la chance que nous bénéficions, notre chance vécue a trait avec la réalité de notre existence » (La suffisance ou l'insuffisance dans la chance humaine déterminent la manière par laquelle il construit sa vie). « La chance n'a pas pour vocation de détruire raison pour laquelle la malchance n'a pas pour vocation à construire ce qui déduit le fait que nous préférions la chance à la malchance en la sachant logiquement pour l'intérêt qu'il nous rapporte » (L'importance que nous accordions à la chance ou à la malchance est fonction de l'importance de l'une des deux valeurs sur le cours de la vie que nous menions à nous servir positivement ou négativement). « Partout où la malchance construit c'est qu'elle est mal pensée : la malchance mal pensée n'a d'égale que la chance » (La malchance conduit à la chance dans la mesure où nous nous sommes trompés sur sa nature réelle). « On se fera avoir dans sa chance si nous ne faisons rien pour savoir ce que c'est que la chance » (La chance est utile à profiter mais mieux il convient de bien la connaitre pour s'éviter d'éventuelle surprise désagréable liée à la malchance). « En faisant la bonne chose, défendant la bonne cause on s'attire la chance » (La chance nous l'attirons en s'exécutant convenablement selon la raison). « La chance n'évite pas qu'on pense cependant elle aide à ce qu'on avance : que d'avance dans la chance ! » (La chance est l'assise de l'avancée certaine dans la vie humaine). « La chance mal arrangée finira par nous sourire en malchance : quand l'insensé rend chanceux c'est pour après nous rendre malchanceux » (La chance est dans la raison certaine plutôt que le produit d'une supposition illusoire). « Le fait de croire à la chance ne nous fait pas un chanceux dans l'existence, mieux le savoir tout en adoptant les conduites rentrant dans son renforcement nous permet de la tirer profit à souhait en la consolidant en soi après l'avoir eu comme choix » (Nous pouvons avoir confiance en l'existence de la chance sans être chanceux dans l'existence donc la chance émane de la nature et de l'implication humaine d'une part à s'aboutir). « La connaissance ne nous défend pas dans la malchance plutôt elle nous apprend la chance en nous ouvrant la voie de la suffisance dans la mesure où elle s'appuie sur l'évidence » (L'apport de la connaissance nous protège de la malchance plutôt qu'il ne nous enfonce dans la nuisance). « Celui qui fuit le bon sens fuit la chance avec » (La chance est dans le bon sens le fuir c'est regagner la nuisance). « Plus de chance c'est plus d'intelligence, mieux l'on se cultive puis nous contenons les défis en étant précis dans l'état sagement nous augmentons notre chance en crescendo » (L'augmentation de notre chance dépend de la complicité que nous tissions avec l'intelligence). « La meilleure réponse à la malchance c'est le bon sens comme référence » (Partant de la recette du bon sens nous arrivons à bien répondre à la malchance). « Celui qui ne fait rien pour combattre la malchance se plait avec l'ignorance comme référence, si la souffrance ne nous dérange pas alors pourquoi vouloir la jouissance ? » (L'ignorance ne fait rien pour ne pas nous voir malchanceux). « La malchance s'accroit certainement dans le déni de la chance, quand la chance nous dérange la malchance nous arrange c'est qu'on n'est pas prêt de s'éloigner de La souffrance ainsi nous nous en fonçons dans l'abime » (L'individu s'enfonce dans l'abime partout où il ne s'assume convenablement pas selon la recommandation de la raison). « La chance c'est l'importance quand nous voulons de la suffisance la concernant bien sûr qu'il faut être évident de référence, plus on est éclairé mieux on est chanceux et avantageux » (L'avantage de la chance nous la profitons en s'impliquant comme il se doit la chance que nous vivions est fonction de l'acte que nous posions). « Celui qui n'est pas pour le bon sens est pour la malchance, connaissant l'opposition constante entre la suffisance et l'insuffisance nous ne tenons pas à la chance sans pour autant s'éclairer sur la malchance dans la possibilité de faire la part des choses nous choisissons notre part dans les choses »

(Le choix éclairé sur la chance et la malchance nous permet de situer notre position puis de la changer ou la renforcer pour réussir).

LA CONFIANCE ET LA MEFIANCE

« La confiance est une chance lorsqu'elle n'a autre référence différente de celle de l'évidence » (La chance de la confiance réside dans la référence de l'évidence). « La confiance se construit du jour le jour à partir de notre implication ferme à cultiver en soi ce qu'il y a de meilleur comme choix ainsi on est droit dans son choix partout où nous renforçons la confiance en soi gage de suffisance dans l'existence » (La construction permanente de la confiance se fait dans la vie et cela contribue à renforcer le développement humain tant sur le plan matériel qu'immatériel, il convient de ce fait pour l'individu de bien s'éclairer en vue d'avoir foi en soi et puis réussir). « La réussite inspire confiance pourtant nous échouons après avoir réussi le plus souvent en l'a prenant comme acquis on est terriblement surpris par la réussite ; la confiance n'est pas un bien à atteindre puis à profiter pour ne rien faire mais plutôt elle est un gain qui s'obtient et se renforce au fur à mesure que nous mesurions au mieux le degré de notre peine tout en soignant et en entretenant l'exploit qui est notre ainsi aussi longtemps que durera la guerre de la vie durera celle de la préservation de la confiance avec » (La malice active dans le cadre de la promotion de la confiance nous demande de bien soigner la confiance en soi en vue qu'elle nous profite durablement en posant des actes qui vont dans le cadre de la préservation des acquis enregistrés dans le cadre de la réussite en s'engageant à jamais contre l'excès de confiance). « La méfiance est une chance lorsqu'elle se nourrit à l'encontre de la malchance ; chance est tout ce qui s'accomplit à l'encontre de la malchance dictée par la dérive de l'ignorance en renforçant le bon sens dans la conduite humaine » (La méfiance qui s'oppose à la malchance est faite pour entretenir la chance en sachant opposer l'ignorance et la connaissance). « On peut bien faire confiance quand on fait confiance au bien » (Le fait pour l'individu de faire confiance au bien est une voie certaine pour se fier à l'avenir). « La confiance est une influence ; le plus souvent celui à qui l'on fait confiance nous influe justement » (La confiance renferme l'influence dans la vie). « Recommandée par l'évidence la méfiance n'est pas à combattre parce qu'elle nous aide à combattre : bien certain le doute ne nous prive pas du gain par contre il nous prépare à bien le consolider » (Le doute utile qu'exprime la méfiance éclairée est profitable à l'humain). « Une fois mesuré on sait à quoi se méfier » (L'individu mesuré n'ignore pas à quoi se méfier justement). « Même précis on se méfie : l'évidence n'exclut pas la méfiance si la méfiance renforce la suffisance, nous partons du doute en se questionnant pour ensuite cheminer sur la vérité » (La démarche conduisant à la vérité nous demande de bien douter et non pas de douter du bien une fois la précision faite donc la méfiance est une démarche qui conduit à la suffisance). « L'important n'est pas d'être confiant mais mieux être évident d'accord » (L'évidence est l'assise de la confiance réussie). « La confiance dans l'ignorance est la confiance de toutes les nuisances » (La nuisance est dans la confiance qui relève de l'ignorance). « Ignorant on est souvent confiant et méfiant même si c'est à tort ; la méfiance de l'ignorance est le creuset de l'impuissance » (L'ignorant est souvent confiant et méfiant et cela à tort). « Celui qui se méfie de la réalité, connaitra bien la réalité de la méfiance à moins qu'il soit évident dans sa démarche puis changera de fusil d'épaule pour changer en soi ce qu'il y a de mal car une fois la vérité connue la seconde voie que nous empruntions est celle de l'ignorance » (La nécessité pour l'individu de connaitre l'ignorance dans la méfiance lui permet de renforcer la vérité dans son chemin en vue de promouvoir sa réussite dans la vie). « L'utilité de la confiance est qu'elle ne s'oppose nullement pas à la réussite de la personnalité lorsqu'elle est jugée selon le principe de la lucidité, partant du bon sens la confiance rassure avec suffisance » (La confiance éclairée n'est pas un frein à notre développement mais plutôt constitue notre développement contre le frein de la méfiance injustifiée). « Dans l'ignorance la méfiance est illusoire, la méfiance sans savoir est la méfiance du désespoir : sachons d'abord à quoi se méfier pour pouvoir bien se fier » (Partant de l'illusion la méfiance cautionne le désespoir étant aveugle). « Celui qui n'ignore pas à quoi se méfier se méfie bien de l'ignorance en vue de renforcer sa suffisance » (La méfiance à l'ignorance est une méfiance sagement nourrie). « Lorsque la méfiance est utile on ne doit pas être méfiant parce que c'est différent mais plutôt c'est méritant » (La méfiance de l'ignorance est celle qui nous est utile comparée à celle formulée à l'égard de la raison certaine). « Une fois certain qu'on est sur la juste voie on doit combattre la méfiance et non pas combattre pour la méfiance, l'important est de s'éclairer d'abord ensuite nous pouvons nous engager fermement en vue de réaliser notre but contre vents et marées » (La justesse sur la nature de la confiance nous permet consciencieusement de l'adopter si elle nous profite en vue de s'épanouir avec). « Quand la confiance constitue une entrave à l'avance c'est qu'elle est mal pensée sinon nullement bien pensée la confiance n'entrave l'avancée de la personnalité » (La confiance certaine nous permet de tenir bon face aux défis de l'ignorance dans la vie). « La confiance d'hier est la méfiance d'aujourd'hui » (La confiance certaine reste intacte dans le cas échéant c'est qu'elle se transforme en méfiance). « Quand la confiance est révolue c'est qu'on n'est plus résolue pour la défendre, pareillement quand la méfiance est révolue c'est qu'elle se transforme en confiance de la confiance à la méfiance le changement est possible en fonction des circonstances de la vie » (La confiance et la méfiance peuvent changer selon la circonstance dans l'existence). « Autant la connaissance instaure la confiance pareillement elle la désinstalle dans le temps et l'espace en fonction de l'évolution du comportement de la personnalité selon la réalité ; autant c'est par la connaissance que nous nourrissions la confiance positive pareillement c'est cette connaissance qui est l'assise de la méfiance fondée » (La réalité sur le changement du caractère de l'individu exprime en soi le changement de confiance qu'on place en lui donc son maintien dans le cadre de la confiance ou son virage dans celui de la méfiance). « La connaissance éclaire pareillement sur la méfiance et sa possible transformation en confiance toujours dans le temps et l'espace en fonction de l'évolution de l'intérêt de l'individu » (La méfiance que nous placions à l'individu change en fonction de l'importance que nous accordions à l'évolution idéologique qui l'anime dans le temps et l'espace). « La méfiance à ne pas finir est la méfiance qui finira par nuire » (La méfiance sur la base de l'ignorance n'apporte que désillusion). « La confiance à l'espoir chemine dans l'espoir de la confiance en ayant le recours au savoir ; une fois éclairé on peut bien espérer » (L'espoir du savoir et le savoir de l'espoir tient au recours à la connaissance). « Confiant par derrière confiant par l'erreur, la confiance incertaine nous expose aux lacunes plutôt que ne nous ouvre la porte de la fortune tant convoitée » (L'erreur génère la confiance de la nuisance). « La méfiance de tous les dangers est celle qui ne s'oppose à aucun danger » (La méfiance mal éclairée ne s'oppose à aucun danger). « La confiance a quoi de mal quand on n'a pas confiance au mal ? » (La confiance qui s'oppose au mal est bienfaitrice pour l'humain). « La confiance nous arrange partout où la méfiance nous dérange si nécessaire bien sûr que la confiance est élémentaire » (L'aspect clé de la confiance s'exprime partout où elle est nécessaire pour promouvoir notre développement). « Si c'est clé d'être confiant certainement que c'est mieux d'être évident pour ne pas s'en tirer perdant : plus on est confiant plus on est gagnant à condition qu'on soit évident » (Il importe toujours de tenir à la raison dans la confiance pour soigner la cadence de sa progression). « Celui qui nous conseille la vérité nous conseille la confiance dans l'existence, la confiance pour rien est une confiance incertaine c'est seulement éclairée que la confiance sait bien élever » (La confiance nous élève en étant éclairée donc positivement sensée). « Nous combattons pour la confiance en nous opposant à la méfiance non pas seulement par la parole mais avec la pratique combinée car la parole seule ne suffit pas pour renforcer la confiance humaine dans l'existence » (La confiance s'aguerrit par la persévérance à l'encontre de l'ignorance). « Une fois constante la confiance est gage d'assurance, c'est après avoir fait face aux épreuves que la confiance est constante » (Lucide est la confiance solide qui limite la démesure et non pas le contraire). « La méfiance qui se nourrit à l'encontre du tort est un renfort pour la confiance » (La méfiance certaine est celle que nous nourrissions à l'encontre du mal). « Avoir confiance et avoir raison cela fait deux, ainsi quand la confiance s'oppose à la raison elle sape justement notre progression » (La confiance qui ne concorde pas avec la raison s'oppose à notre progression). « Plus on est confiant plus on est partant ; moins l'on est confiant moins l'on est partant » (La confiance détermine notre ouverture à épouser une cause quelconque la méfiance prouve le contraire).

LA REUSSITE ET L'ECHEC

« La chance de la réussite nous opérons pour la maximiser, si nous ne réussissons pas sans nous-même il importe de comprendre qu'on est acteur de notre destin, pour réussir il faut s'acquitter de la responsabilité ouvrière qui nous incombe » (La réussite de l'individu recommande l'engagement ouvrier de ce dernier en reconnaissant la responsabilité qui l'incombe). « On ne fuit pas la réussite pour ensuite réussir dans sa fuite » (Le chemin qui mène à la réussite nous ne nous en éloignons pas pour réussité notre fuite, il faut s'assumer pour réaliser son ambition). « L'échec se renforce dans l'ignorance de l'échec ; avant de promouvoir la réussite d'un individu d'abord outillons le à bien connaitre ce qui mène à la réussite dans ce cas l'erreur sur le problème nous conduit à l'erreur sur la solution » (L'éclairage sur la voie de la réussite est la valeur durable pour rendre l'individu autonome dans la vie si nous ne promouvons pas le développement d'un individu à son absence). « L'aide au développement est l'éclairage sur la réussite cela se passe sur la connaissance de soi ainsi que celle des choix pouvons-nous tous réussir de la même manière sommes-nous tous les mêmes ? » (L'aide au développement certain nous permet de se poser les questions idoines par rapport à la limite de la compréhension sur la réalité). « L'échec est une leçon laquelle nourrit la précision dans sa disposition » (La précision dans sa disposition détermine l'échec en réalité). « On échoue avec sa vérité mais on n'échoue pas avec la réalité pareillement on échoue avec sa solution mais on n'échoue pas avec la solution » (L'échec se traduit par la présence du non-sens dans le sens cela dit seule la précision est creuset de solution). « Dans la mesure où nous ne réussissons pas de la même manière étant donné que nous ne sommes pas les mêmes utile est pour l'individu de vivre sa réussite personnellement venant du raisonnement au lieu de tenir au désagrément d'une réussite uniforme collective : dans la société si nous sommes interdépendants c'est parce qu'on a besoin les uns des autres nous nous complétons laisser à lui seul, nul ne se suffit à soi-même » (La complémentarité démontre la nécessité pour l'individu de savoir se contenter de sa réussite et ne pas vouloir ou en vouloir à la part de tout le monde). « Dans la vie nous faisons notre guerre l'échouons ou la gagnons sans échappatoire aucune, réussir ou pas cela dépend de ce qu'on va investir dans la vie nul ne se substituera à notre bilan quand on est comptable de ses propres actions » (L'individu comptable de ses propres actions réussit ou échoue justement en fonction des actions qu'il pose). « Pour réussir il faut faire de son mieux s'investir après avoir mieux réfléchi bien connaitre les étapes de l'épanouissement il importe de comprendre que nul ne s'épanouisse sans sa mentalité et l'échec s'entretient dans le psychique pareillement à la réussite la manière de savoir bien s'y prendre ne doit pas nous manquer pour pouvoir bien gagner » (La fonction hautement spirituelle de la réussite est à mettre en avance pour déterminer la réussite et l'échec de l'individu car nous nourrissons l'idée de développement dans la tête avant de la matérialiser). « La réussite de tous les dangers est la réussite qui ne s'oppose à aucun danger, quand le mal fait réussir c'est pour après faillir » (La réussite nous ne l'opérons pas sans pour autant s'ouvrir à la justice stratégique pour qu'elle soit durable dans le cas contraire nous échouons sans forcément le savoir). « Celui qui ne veut pas nous voir souffrir s'il le faut ne nous aide pas à mieux réussir : là où la souffrance est conseillée pour prospérer tout chemin contraire à la voie indiquée nous maintient dans l'échec » (Le sacrifice est la voie indiquée pour promouvoir la réussite dans la vie). « La différence est exigence pour la promotion de la réussite pour atteindre la suffisance il faut passer par le canal de l'évidence » (Le sens de l'évidence est la voie par laquelle nous passons pour réussir face aux défis de l'existence). « L'ignorance de l'échec signifie sa réussite dans le fait nous ne combattons pas l'échec pour le vaincre en l'ignorant certainement » (L'ignorance de l'échec ne nous permet pas de le combattre avec lucidité). « La retraite face à l'ignorance puis sa complicité profonde n'augure rien de bon pour l'individu quêteur de la suffisance existentielle, pour bien améliorer sa condition de vie il importe pour l'humain de savoir où lier compagnie » (La quête de la suffisance dans la vie si nous la voulons gagnante nous ne devons pas la faire sous la domination de l'erreur).

LA LECTURE ET L'ECRITURE

« Sans lecture aucune mieux sans lecture certaine alors comment peut-on être certain » (La dimension décisive de la lecture est incontournable dans le processus de la compréhension). « Sans délire la lecture ne peut pas détruire » (La lecture certaine n'a pas vocation à détruire car se passant du délire dans la vie). « La lecture renforce la connaissance partout où nous raisonnons dans l'analyse ; elle n'empêche pas d'accéder à la connaissance : contrairement à la bonne lecture la fausse mène à l'égarement de soi donc à une appréciation erronée de la réalité globale » (Bien certaine la lecture renforce la position intellectuelle humaine). « La qualité de la lecture est fonction de la maturité du lecteur mieux l'on est précis dans la lecture plus elle nous instruit avec droiture » (La vérité sur la lecture est fonction de la qualité intellectuelle du lecteur). « Nous apprenons en lisant tout comme nous lisons en apprenant à condition que la lecture ne manque pas de précision bien précise la lecture suffit comme assise » (L'assise de la lecture renforce l'individu quêteur de la connaissance). « Partout où la connaissance importe peu l'écriture importe peu la lecture avec » (La lecture et l'écriture tiennent leur noblesse dans le sceau de la connaissance). « J'écris je réussis une fois précis limitez-vous au bon sens ainsi vous réussirez avec évidence » (L'évidence nous renforce partout où nous ne nous trompons pas de signe). « Quand la lecture empêche de réussir certainement que l'écriture ne concorde nullement pas avec la droiture » (La cohérence dans la lecture seulement renforce la lecture de l'écriture ainsi que la réussite du lecteur dans un cheminement cohérent). « L'écrivain doit s'atteler au mieux à apporter au lecteur ce qu'il y a de mieux pour pousser son horizon intellectuel à son tour le lecteur doit également s'efforcer à remonter ses critiques soit à l'écrivain ou soit à se situer sur les lacunes de ce dernier en vue de réussir l'interaction intellectuelle qui les lie en somme sans objectivité aucune ni l'écriture ni la lecture ne servent à grand-chose » (L'interaction doit-être mutuellement avantageuse entre le lecteur et l'écrivain afin de préserver continuellement l'esprit de la connaissance). « Le livre n'est pas rien voilà pourquoi il fait gagner ; le livre qui empêche qu'on soit ivre nous délivre sagement, quand il nous protège de la maladresse de l'ivresse le livre contribue sagement à la réussite humaine » (Le livre compte parmi les outils de promotion du développement). « C'est bien certain que l'écriture empêche qu'on s'inflige de blessures c'est seulement dans la droiture que l'écriture nous serve d'ouverture » (La porte de l'ouverture est dans l'écriture certaine ; le livre qui traite les problèmes pertinents avec des solutions de pointes participe à l'épanouissement social du lecteur). « Ce qui nous revient en tant qu'écrivain c'est le bien si réellement il ne nous manque pas la volonté de nous surpasser pour prospérer, certain l'écrivain ne s'éloigne pas du gain il faudrait d'abord qu'il s'éclaire pour le savoir » (La qualité de l'écriture détermine le profil de l'écrivain d'une part). « Tout d'écrit n'est pas réussi nous comprenons pourquoi l'écrivain passe souvent à côté de l'essentiel car non sagement pensée l'écriture sert de fermeture plutôt que d'ouverture » (L'importance de l'écriture mène à l'ouverture plutôt qu'à la fermeture une fois bien réussie). « La connaissance de l'écriture nous l'opérons au fur à mesure que nous écrivions raison pour laquelle aussi longtemps que l'écriture se fera la connaissance se fera avec car l'écriture est connaissance vice-versa » (L'écrivain apprend de ses erreurs l'écriture ne nous dispense pas de l'apprentissage). « Ce n'est nullement pas la manière d'écrire qui compte partout où nous écrivons sans tâcher pour la promotion de la lumière dans la manière, une écriture réussie est l'émanation d'une référence bien réfléchie de la part de l'auteur » (L'écrivain a toujours un style d'écriture cependant c'est l'objectivité dans la réflexion pareillement que dans l'organisation du manuscrit qui compte pour faire la beauté et la bonté de l'écrit). « L'écriture ne se limite pas dans le seul cadre de l'écrivain mais mieux il la partage dans une société trouve ses sources d'inspiration dans le milieu auquel il réside où il a une connaissance acquise pouvant lui permettre de relater justement quoi que ce soit sur le milieu en question autant l'écriture se fait par le concours de l'individu pareillement l'écrivain seul n'anime pas la société ni son écriture il a besoin de la complémentarité de source externe à soi » (L'écriture nous la faisons dans la complémentarité dans une société étant donné que nous puissions les ressources de notre inspiration dans l'existence globale proche ou lointaine). « Dans l'écriture tout comme dans la lecture en somme dans la vie tout d'efficace est perspicace » (La perspicacité détermine le propre de l'efficacité dans la vie globale allant de l'analyse à l'écriture). « L'écriture ne construit ni ne détruit mais c'est l'écrivain qui construit ou détruit en réussissant ou en ratant son écrit dans la mesure où la pensée ne se fait pas seule ni ne se rédige sans concours humain on est responsable de l'écriture et de la lecture que nous faisions des situations de la vie : bon ou mauvais l'écrit n'a rien n'a se reprocher mais l'humain oui pareillement pour la lecture » (La responsabilité de l'écrivain est celle qui doit-être mise en avant dans le cadre de la détermination de l'impact de l'écriture sur la société globale dans la mesure où l'écriture ne s'acte pas seule nous sommes pour quelque chose par rapport à son résultat la lecture également obéit à cette règle de reconnaissance de la responsabilité humaine). « Ecrire pour détruire c'est écrire sans s'instruire, la mal intention est une mauvaise tentation pour la personne de l'écrivain dans la société » (Dans la possibilité pour l'écrivain d'être mal intentionné il ne peut que détruire en choisissant cette voie contraire à celle salutaire). « A défaut de convaincre ses lecteurs l'écrivain est convaincu peut-être à tort » (L'écrivain est convaincu par l'écriture qui lui tient à cœur même à tort souvent et dans l'impossibilité de faire partager sa pensée par ses lecteurs). « Entre l'écrivain et l'écriture il n'y ait seulement pas question de complicité mais aussi et surtout souvent de l'adversité car tant nous écrivons pour renforcer ce qui nous tient à cœur pareillement nous écrivons pour dénoncer ce qu'on ne partage pas comme choix comme l'écrivain sait intérieurement son choix peu importe le virage que prenne sa production sa préférence est intacte » (L'écrivain c'est la préférence pour une cause que nous exposions à travers nos œuvres tant en dénonçant quelque chose tout comme en promouvant d'autres choses). « L'écriture ne demande seulement pas à réfléchir mieux elle recommande aussi et surtout à s'instruire avant de s'investir » (L'écriture ne réussit seulement pas en pensant mieux, plus en raisonnant elle recommande de s'instruire continuellement pour être à la page). « Bien sûr que non précis l'écrit qui ne s'oppose à aucun problème pose sûrement problème » (L'écrit incertain n'aide pas à triompher face aux défis de la vie). « L'écriture est une arme étant le creuset de la connaissance elle sourit avec suffisance ; nous nous protégeons rien qu'à partir de l'écriture dans la mesure où elle représente quelque chose pas n'importe laquelle, l'appréciant en sa juste valeur puis façonnée comme elle se doit elle nous sert d'arme efficace de défense pour l'existence : celui qui écrit bien apprend plus, s'améliore davantage puis se défend mieux » (L'écrit défend la cause certaine de l'individu dans la vie étant bien pensé il permet d'opérer un renforcement de capacité utile pour la réussite humaine). « Autant on ne finira pas de lire dans la vie pareillement nous écrirons étant donné que la volonté de se parfaire ne nous quitte pas si nous souhaitons nous épanouir au mieux réciproquement nous apprenons en écrivant puis nous enseignons comme écrivain autour de l'échange d'idée se déroule l'essentiel de l'écrit ainsi on n'écrit pas à perte si nous plaçons l'écriture en sa juste valeur celle de promouvoir l'épanouissement spirituel de l'humain » (L'appréciation de l'écriture en sa juste valeur nous permet de comprendre son importance en terme de promotion du développement humain physique et psychique). « Autant l'écrit nous importe pareillement la lecture nous conforte parce qu'on doit lire avant d'être lu ainsi toute écriture est le produit d'une lecture faite au préalable au cœur de l'imagination pour partager notre contribution » (Nous partageons notre contribution partant de la connaissance que nous détenions de l'écriture de l'imagination que nous nous faisions de la problématique du livre). « Un livre n'est important que lorsqu'il nous délivre de l'ignorance en nous livrant à la connaissance : toute l'importance du livre réside dans le fait qu'il nous délivre de l'ignorance » (Le livre nous délivre de l'ignorance par conséquent il est important dans le cas échéant il produit l'effet contraire). « Dans la vie on a tous un côté écrivain en soi car qu'on le veuille ou pas on écrit l'histoire de son existence, le livre de sa vie » (Nous écrivons au fur à mesure que nous évoluions dans la vie). « Plus la vie nous importe plus l'écriture nous intéresse avec car étant la proposition de solution au désespoir de la vie si nous la pensons lucidement partant de l'écrit nous regagnons souvent l'espoir même après l'avoir perdu parce qu'il n'est pas rien nous permettant de savoir que faire pour promouvoir son gain nous reconnaissons au rang de l'impact de l'écriture le rôle d'éveil de conscience » (L'écriture est une proposition de solution face aux défis de la vie si nous la jugeons en sa juste valeur elle nous aide à opérer un éveil de conscience utile à la stabilisation de notre personnalité). « L'écriture ne nous limite pas dès lors qu'on n'est pas limité dans sa lecture ; la lecture positive n'impose pas au lecteur d'être forcément d'accord avec l'écrivain mais mieux de chercher à le comprendre pour savoir à quoi il tient comme savoir en vue de le critiquer ou de le soutenir en tout de l'améliorer pour s'améliorer au retour ainsi nous en déduisons que l'interaction lecteur écrivain autour du savoir est toujours gagnante si nous la plaçons dans sa juste valeur » (Il est utile pour le lecteur de se faire une idée analyste profonde sur la valeur de l'écriture une indépendance critique laquelle lui permet de se situer sur la nature de son savoir). « La connaissance de l'écriture nous édifie sur la nature de l'écrivain d'une part dans la mesure où l'écrivain que nous sommes est fonction de l'écrit que nous faisions » (La personnalité de l'écrivain s'exprime sur la nature de l'écriture qu'il effectue). « Bien l'on écrit mieux l'on réussit, il est de l'intérêt de l'écrivain d'être lu et compris dans la mesure où il se veut clair d'orientation ; car dans un jeu de dupe quand on est compris c'est qu'on est retenu » (L'écrivain positivement engagé s'attelle à promouvoir la compréhension certaine sur la nature des valeurs par contre celui mal éclairé tient à ne pas éclairer la lanterne de ses lecteurs sur ses vraies préoccupations). « Le processus de l'écriture et de la lecture doit dépasser le cadre de la forme pour arriver au contenu » (Le contenu de l'écriture et de la lecture doit nous permettre de nous éclairer sur la direction profonde de l'écriture car les vérités certaines sont souvent dans le fond que dans la forme). « Moins on se ment mieux l'on écrit ainsi nous facilitons la lecture, la facilité dans la lecture émane de la lucidité dans l'écriture » (La facilité dans la lecture découle de la luminosité de l'écriture dans la mesure où l'écrivain suit une logique positivement méthodologique en vue de faire connaitre ses contributions par la voie de la précision par autre que soi). « La grandeur dans la lecture tout comme dans l'écriture émane de la lumière dans la manière, la réussite dans l'écriture tout comme dans la lecture demande notre accomplissement selon la logique objective non seulement à penser mais aussi et surtout à ordonner les contributions selon la consigne de la précision ce qui déduit le fait que le volume ne fasse forcément pas l'ouvrage mais mieux qu'il nous illumine puis nous anime contre le tort de la sentimentalité » (L'objectivité est l'unique voie appropriée pour réussir tant sa lecture et son écriture, le volume ne fait pas la qualité du livre dans ce cas mais plutôt la lucidité avec laquelle il s'exprime). « Bien écrire c'est bien servir sachant que tout d'utile est difficile nous ne nous repérons mieux qu'à partir de la connaissance certaine : le service bien rendu est fonction d'une écriture bien réfléchie » (La netteté dans la lecture et l'écriture nous permet d'aboutir par rapport à notre implication dans la vie sociale ainsi que c'est seulement bien éclairées que les deux valeurs nous rapportent mieux). « La maitrise de soi détermine l'assise de la raison, l'écriture qui n'a pas vocation à détruire concorde avec la vocation de la droiture de façon à bien permettre la réussite dans la vie, l'écriture sincère recommande la lecture claire partant d'une réflexion éclairée et bien ordonnée de l'écrivain à exposer la vérité plutôt que sa vérité » (L'écrivain doit cultiver en soi la bonne manière gage de lumière dans la lecture ainsi que dans l'amélioration de la vie générale). « Dans la mesure où tout n'est pas dans le livre le livre est une marge pour qu'on se délivre et non pas pour qu'on se livre si tout n'est pas inclus dans le livre il doit cependant nous donner une piste de réflexion laquelle est à améliorer pour promouvoir notre savoir » (La promotion du savoir nous permet d'élever notre orientation à travers nos faits et gestes). « La connaissance n'est pas ce qu'on pense si ce qu'on pense s'oppose au bon sens autant la lecture pareillement à l'écriture ne répondent pas à ce qu'on pense si ce dont nous pensons ne concorde pas avec la raison » (L'utilité dans le fait est qu'il concorde avec le bon sens une lecture tout comme une écriture erronées ne nous servent pas). « Dans la vie ce n'est ni l'écriture et la lecture à elles seules qui font réfléchir mieux l'existence globale ainsi la vie n'est-elle pas un champ global lequel demeure partagé entre l'écriture et la lecture de la part du vivant car chaque page de notre histoire nous sommes lecteurs et écrivains de celle-ci ce qui fait en sorte que la fin de notre vie coïncidera avec celle de notre écriture dont le bilan peut être positif ou négatif en fonction de ce qu'on a posé comme acte » (La dimension de l'écriture et de la lecture est d'une part universelle la simulant à la vie globale chaque jour nous écrivons une page de notre livre de la vie positivement ou négativement l'écriture laquelle prendra fin avec notre mort). « Dans la vie quand à l'écriture et la lecture on a le temps avant que n'arrive à terme le temps qui nous est imparti dans le temps éclairé nous écrivons à merveille les pages de notre livre de la vie » (La manière éclairée de marquer la vie nécessite l'éclairage par l'humain puis sa résolution à poser des actes salutaires à jamais en cela il écrit de manière remarquable le livre de sa vie). « A chaque livre son sujet à chaque écrivain sa préoccupation » (Dans le livre nous voyons la cause de la préoccupation de l'écrivain). « Aussi longtemps qu'on ne cessera pas d'être on ne cessera pas de lire et puis d'écrire dans la vie car la vie est faite d'action, de réaction motivées par la compréhension et l'incompréhension dans les circonstances de l'évolution sociale » (L'écriture et la lecture dans une dimension globale universelle accompagnent le déroulement de la vie humaine qu'on le veuille ou pas). « Celui qui tient à la réussite s'accomplit dans la lecture partant de la voie de la droiture puis adopte au mieux les consignes de l'aisance culturelle en vue de faire des écritures dignes de confiance lui faisant une référence digne de confiance car en réussissant sa vie l'individu réussit son écrit puis sa lecture ainsi vient au secours de ses contemporains après avoir tâché à ne pas être une charge pour soi-même ni pour sa société » (La réussite de la vie ne se passe pas de notre éclaircissement sur le plan intellectuel puis notre volonté à changer en nous ce qu'il y a de mal en vue de fructifier ce qu'il y a de bien ce qui fait de notre voie une démarche digne de confiance tant pour soi pareillement pour les autres). « Quand l'écriture échoue c'est qu'elle n'a pas été bien pensée » (L'écriture n'assure qu'ouverture pensée selon la mesure de la culture certaine, une fois réfléchie selon la démesure elle devient une fermeture). « L'écriture ne nous sert à rien partout où l'on ne s'accomplit à rien pour écrire le sacrifice accompagne plus tant dans l'écriture que dans toutes autres activités concernant la vie générale, la réussite de l'écriture n'est pas le produit de rien cela dit elle recommande notre persévérance à tenir coûte que coûte à la volonté de la raison professionnelle »

(La stabilité ne s'incarne pas dans l'écriture et la lecture de l'illusion comme orientation). « L'important n'est pas de penser quand on n'est pas sensé dans la pensée mais mieux on est avantageux partout où on est éclairé dans la mentalité ainsi l'écriture tout comme la lecture nous permettent de bien s'épanouir dans sa démarche : toute écriture importante découle d'une pensée importante produit de l'évidence dans le sens » (Il faut bienveillamment s'appesantir sur le rôle de la lucidité dans la coordination de l'activité pour qu'elle nous réussisse).

L'avantage et le désavantage

« Si tout est important chez le fou c'est parce qu'il ignore ce que l'importance veut dire ; dans le déséquilibre tout comme dans l'incapacité de faire la part des choses nous n'évaluons pas la vie en sa juste valeur » (L'évaluation utile de la vie émane de la compréhension objective de notre réflexion la concernant). « L'importance ne se crée pas à partir du désavantage mais plutôt la conscience à la suffisance puis l'acceptation d'opérer sa démarche sur une voie claire certaine » (La voie de la raison permet de renforcer davantage le cercle de l'importance notre touche compte pour que l'importance soit). « Le choix de l'importance c'est la voie de l'espérance, de l'exigence, de la suffisance dans ce sens une résolution saine et accomplie de l'humain vis-à-vis des recommandations de la raison lui permet de s'aboutir fièrement vers la culture d'une importance solide en soi ainsi que pour les autres » (L'importance solide de l'existence émane de la résolution intelligente de l'individu à créer en soi tout comme choix ce qui lui manque pour s'améliorer). « L'importance n'est pas une bataille à gagner mais plutôt une guerre à perpétuer car aussi longtemps que durera la vie durera l'importance avec » (L'importance de l'individu suit sa vie donc il a droit à opérer éternellement pour soigner celle-ci laquelle s'élèvera avec sa cohérence dans l'existence). « Partout où l'évidence nous manque l'importance nous manque avec, fais toi évident ainsi tu t'en sortiras intelligent et gagnant » (La victoire certaine nous ne l'obtenons pas sans intelligence dans la manière qui nous conseille de s'éloigner de l'emprise de l'ignorance). « Plus l'ignorance nous importe moins l'on s'importe impossible d'accorder du soin ; pire de se fier à l'ignorance puis œuvrer pour sa suffisance passant par l'amélioration de son importance dans la vie ; au juste ce qui promet l'importance s'oppose au désavantage vice-versa nous ne pouvons pas cultiver le bien et le mal à la fois en une cause » (La réalité nous fait comprendre qu'il n'y a pas de conciliation entre la connaissance et l'ignorance, le bien et le mal donc ce qui nous est important pareillement nous ne l'associons pas au désintérêt). « Trop d'importance tue l'importance, celui qui n'estime pas l'importance en sa juste valeur passe à côté de l'essentiel » (L'importance se mesure rationnellement pour qu'elle ne délire, pour qu'elle nous profite il convient que nous la mesurions avec lucidité). « L'important est conseillant » (L'important conseil justement). « Ce qu'il faut se conseiller c'est ce qui est utile pour réussir ce qui déduit le fait que plus nous arrivions à nous instruire mieux nous accédons à la suffisance puis nous élevons avec importance, celui qui possède la connaissance possède l'importance » (La connaissance est le creuset de l'importance par conséquent elle permet à l'individu d'arriver à équilibrer positivement sa vie). « Quand la vie ne nous dit rien, l'importance avec, car une vie sans importance est une vie condamnée à l'insuffisance » (La mesure utilitaire de s'activer pour renforcer davantage l'importance de sa vie profite largement à l'individu pour apporter à son existence ce qui la manque comme ingrédient). « Tandis que l'humain éclairé s'engage pour l'importance celui mal éclairé s'engage à se dévaloriser hélas l'importance n'est pas ce qu'on pense si ce qu'on pense ne s'accorde pas avec la connaissance » (La mesure de la connaissance appuyant le bon sens nous permet de renforcer dignement l'importance dans l'existence). « Quand l'importance diffère de l'importance c'est que la connaissance n'est pas la même ; l'importance que nous véhiculions est fonction de la connaissance que nous détenions sur l'existence » (Nous sommes importants en fonction de ce dont on a connaissance d'une part). « Plus c'est important moins c'est insultant » (L'importance n'est pas insultante pour celui qui s'assure dans l'existence). « Autant l'importance change de temps pareillement le temps change d'importance quand les humains changent de philosophies, quand la vérité d'hier n'est pas pareille à celle d'aujourd'hui pareillement l'importance d'aujourd'hui ne sera pas égale à celle d'hier dans la mesure où nous changeons dans la mentalité en premier nos faits concordent avec nos dits lors d'un aménagement certain de comportement de notre part » (L'individu en changeant de direction dans la vie change son centre d'intérêt ainsi peut ne plus reconnaitre comme importante la philosophie qu'il partageait auparavant). « Aussi longtemps que le changement sera inhérent à la vie l'importance connaitra possiblement la mutation peu importe qu'elle soit facteur de satisfaction ou de désillusion » (Le mouvement naturel de changement que connaisse la vie détermine le rôle également de l'importance soumis possiblement au même changement dans cette vie négativement ou positivement). « L'existence que nous menions détermine le changement que nous vivions » (Le changement a trait avec la qualité de l'existence de l'individu). « C'est à l'avantage de la logique d'exposer le désavantage de l'incohérence car toute importance du non-sens équivaut à une importance de l'insuffisance » (L'importance renforce au mieux celui qui la pense certainement passant par la connaissance, c'est d'abord éclairé sur le mal que nous nous instruisions à son encontre). « Ce n'est nullement pas dans le non-sens que nous profitions de la chance de l'importance » (L'importance nous nous éclairons la concernant dans le bon sens bien sûr). « L'important n'est toujours pas ce qu'on aime mais plutôt ce qui nous aime et nous aide dans la mesure où nous nous trompons souvent de choix nous situons l'importance à tort consentant l'effort à son service qui par finit nous retourne en sévices » (L'importance recommande une compréhension intelligente de la réalité par l'individu pour qu'il ne fasse pas un mauvais choix c'est la prudence qui est recommandée pour qu'il puisse bien s'épanouir dans sa marche). « L'importance ne se substitue pas au désintérêt par contre elle nous appuie pour pouvoir bien la contenir la confusion ne fait pas l'importance cependant elle nous affaiblit dans la nuisance de la défaveur : ce n'est forcément pas parce qu'on croit important que ça l'est pareillement ce n'est obligatoirement pas parce qu'on croit dévalorisant que ça ne nous profite pas nous comprenons pourquoi aussi longtemps que l'individu se cultivera il s'améliorera puis changera de philosophie sur la notion d'intérêt et du désintérêt » (Plus nous gagnons de la connaissance possiblement nous changeons notre regard sur la notion de valeur positive et négative).

CHAPITRE II

TITRE DE NIVEAU II

LA COHERENCE ET L'INCOHERENCE

« La cohérence est une exigence pour l'existence à s'accomplir exclusivement selon la convenance du bon sens » (L'importance de la cohérence réside dans son exigence de l'évidence dans le sens). « On se met en retard partout où nous ignorons le retard, là où la cohérence nous manque la suffisance nous manque avec » (La non cohérence dans la démarche nous affaiblit dans la vie qu'on la sache ou pas). « La vérité c'est l'unité ce qui déduit le fait que la cohérence rassemble » (La cohérence est union dans la vision autant la vérité est unité). « On se fait cohérent à jamais aussi longtemps que l'incohérence sera une menace pour la cohérence nous nous avisons pour progresser dans l'existence : on doit perpétuellement se cultiver en vue d'exprimer la cohérence en soi au fur à mesure que nous évoluions dans la vie » (Il est utile pour l'humain de s'accomplir selon la convenance de l'évidence pour réussir dans l'existence partant de la marque de la cohérence). « Là où demeure la cohérence réside la puissance avec ; étant donné que la suffisance est dans le bon sens nul n'est conscient à son détriment » (La puissance est dans la cohérence, l'adoption du bon sens éveille la réussite à l'humain). « Il importe toujours de compter sur la connaissance pour combler sa cohérence raison pour laquelle sans connaissance la cohérence est non-sens » (La cohérence découle du bon sens pour celui qui se situe mieux sur la réalité). « La vérité sur la cohérence est qu'elle ne s'oppose pas à la vérité » (La cohérence certaine ne s'oppose à aucune vérité car elle l'est). « La vérité est clé partout où la cohérence est délivrance » (La délivrance est dans la cohérence partant de la suffisance engendrée par le bon sens qu'elle renferme). « La confiance n'exprime forcément pas la cohérence pareillement la cohérence n'exprime pas confiance pour celui qui l'ignore cela dit c'est la confiance en la cohérence qui nous garantit la suffisance à jamais » (La suffisance dans l'existence découle de l'évidence dans le sens, tenir au bon sens c'est tenir pour ne pas se faire retenir). « Celui qui rêve de la cohérence rêve de la suffisance en s'accomplissant ainsi selon la convenance de l'évidence nous réalisons notre rêve de la meilleure des manières : celui qui ne se trompe pas de modèle réalisera certainement son rêve » (La manière appropriée de réaliser nos rêves est d'être cohérent dans la démarche). « On est évident que pour soi-même ce qui déduit le fait que notre cohérence nous profite en nous puis promet l'émancipation universelle, il importe d'être positif non pas parce qu'on nous impose mais plutôt parce qu'on l'accepte puis se l'impose pour que ça nous profite » (Dans l'existence en acceptant d'être cohérent de notre plein gré nous y mettons beaucoup d'énergie positive pour promouvoir notre réussite). « Quand on n'est pas cohérent à son détriment certainement qu'on ne l'est pas partant du déraisonnement, c'est l'intelligence dans le sens qui produit la cohérence, la suffisance avec » (La suffisance dans le sens demande le raisonnement plutôt que le déraisonnement dans le sens). « Plus nous nous sacrifions plus nous apprenons mieux nous concordons avec le principe de la cohérence existentielle, la cohérence ne réussit pas à celui qui ne se mesure pas » (La cohérence réussit à celui qui s'instruit pour s'investir). « La connaissance est la seule mesure appropriée pour la réussite dans l'existence en elle s'incarne la cohérence dans tous ces états » (La cohérence est incarnée dans la connaissance certaine). « Celui qui s'éloigne de la connaissance se menace dans l'existence, la négligence de la cohérence débouche sur celle de l'existence » (Quand on fuit la connaissance on néglige son existence avec). « La suffisance dans l'existence s'exprime par confiance contre l'ignorance » (La suffisance dans l'existence est fonction de l'ouverture de l'individu à la recommandation de la connaissance). « Mieux on est, plus on est cohérent la cohérence est l'expression du renforcement de capacité de l'existence humaine car c'est partant du bon sens que nous raffermissions notre convenance référentielle » (La convenance de l'humain dans l'existence trouve son salut dans l'acceptation scrupuleuse de la raison comportementale dans la vie). « La cohérence nous comble partout où l'incohérence nous déchante : plus l'on s'engage contre le mal plus on s'arrange la faveur du bien » (La faveur du bien nous la retrouvons en étant certain dans le sens référentiel). « Difficile est la voie de la cohérence mais utile est le choix qu'elle nous conseille » (La cohérence ne nous conseille autre voie que celle raisonnable). « On ne doit nullement pas se retenir du bien si nous souhaitons réussir à l'encontre du mal ainsi on ne se retient pas de la cohérence mais plutôt on la tient pour bien s'entretenir et puis réussir » (L'entretien de la voie de la réussite est une issue harmonieuse passant par le choix de la cohérence pour que nous réussissions). « Rien n'est clé dans l'incohérence voilà pourquoi elle est insuffisance puis nous affaiblit plutôt que ne nous agrandit » (La cohérence est la clé de la réussite elle ne s'opère qu'en s'opposant à l'incohérence). « Le bien de la cohérence est dans le salut de l'existence, plus c'est évident plus c'est cohérent l'existence nous renforce : la force de l'existence réside dans l'engagement contre la farce de l'espérance » (L'engagement humain contre la farce de l'espérance détermine la force de l'existence). « Dans la vie on n'est pas fort parce qu'on le veut mais plutôt parce qu'on s'assume, la force de la personnalité résulte dans son attachement à la positivité » (L'attachement à la positivité permet de contenir la farce dans l'existence). « La menace de l'incohérence nous la renforçons en l'épousant et non pas en opérant à son encontre raison pour laquelle l'ami de l'incohérence est son propre ennemi à soi » (Le renforcement de la cohérence humaine passe par l'adoption du bon sens dans l'existence comme référence). « Celui qui se compte bien tient logiquement à la cohérence car sans bon sens ; aucun compte n'est certain, là où la cohérence est minimisée l'existence est pénalisée avec » (L'importance cruciale est à accorder à la cohérence dans la façon d'être pour qu'on réussisse dans la vie). « C'est parce qu'on ne réussit pas que l'incohérence nous réussit : quand l'erreur fait réussir c'est pour après nuire » (L'équilibre certain ne nous émane pas de l'incohérence mais plutôt la cohérence d'accord). « Celui qui s'arrange par la cohérence s'arrange par l'exigence et cela durablement dans l'existence, l'arrangement durable se veut raisonnable n'importe la persévérance qui conduit à la récompense ; sa récompense est suffisance donc pourquoi ne pas s'investir pour réussir après avoir s'instruit ?» (L'arrangement durable dans l'existence passe par la marque de la connaissance). « Celui qui n'a pas confiance à la connaissance n'a pas confiance à son existence » (La confiance à la connaissance détermine la confiance à l'existence car nous ne sommes pas conscients de notre existence sans connaissance aucune). « Aussi longtemps qu'on apprendra on comprendra ainsi on entreprendra » (La connaissance appuie l'esprit d'entreprise gagnant chez l'humain). « Là où manque la connaissance manque la suffisance avec » (La suffisance se renforce dans la connaissance). « Ce qui nous illumine nullement ne nous hallucine » (La connaissance est lumière qui s'oppose à la barrière de l'ignorance). « Apprendre pour comprendre est une nécessité de tous les jours pour réussir dans sa vie ce qui traduit le fait selon lequel aussi longtemps que durera la vie durera l'apprentissage avec : dans l'impossibilité de dire quand nous ne serons pas de la vie nous ne saurons nullement pas dire quand nous cesserons d'apprendre » (A jamais nous perpétuons notre processus d'apprentissage pour réussir dans la vie). « On n'invente pas la connaissance, par contre nous nous inventons avec » (Partant du sceau de la connaissance nous inventons notre vie). « Plus on se cultive mieux l'on s'équilibre dans la vie tout ce qu'on a besoin pour faire face aux besoins dans la vie c'est la raison et cela relève du bon sens dans le sens ce qui traduit le fait dont nul ne se passe de la connaissance pour se renforcer dans l'existence » (Rien ne vaut la connaissance pour atteindre l'espérance dans la vie). « La connaissance évolue car nous évoluons pour connaitre ; plus nous nous cultivons mieux nous réussissons » (La connaissance évolue au fur à mesure que nous évoluions puis renforçons notre capacité d'apprentissage dans le temps et l'espace). « Ce qu'ignore la connaissance c'est ce qui n'est pas une connaissance du tout » (La connaissance n'ignore rien sur la connaissance idem sur l'ignorance). « Celui qui combat la connaissance s'abat soi-même dans l'existence car pareillement à l'évidence la connaissance certaine seule renforce l'existence humaine sur le bon sens » (L'évidence et la connaissance s'unissent dans une dimension positive pour renforcer la vie humaine). « Ce qui nous intéresse quand on ne s'intéresse pas c'est ce qui ne nous renforce pas, logiquement pour que l'intérêt nous sourit bien avant de s'intéresser à quoi que ce soit il faut d'abord s'éclairer » (L'éclairage de l'individu par rapport à la sélection judicieuse de son intérêt dans la vie est capital). « Celui qui s'intéresse à la connaissance s'intéresse à son existence » (L'intérêt que nous accordions à la connaissance reflète logiquement celui qu'on accorde à notre existence). « A défaut d'avoir une femme on se fera avoir par une femme dans les deux cas on saura quelque chose sur la femme, pareillement à défaut d'avoir un homme on se fera avoir par un homme » (Nous apprenons de nos relations tant avec les femmes qu'avec les hommes en les liant dans le temps et l'espace). « La connaissance n'appauvrit pas celui qui ne se trompe pas de connaissance à jamais l'ascendance est dans la connaissance pourvu qu'on ne l'ignore pas dans la conscience » (La suffisance certaine réside dans l'élargissement du champ intellectuel humain). « Nous sommes certes limités dans la connaissance sans qu'on ne sache la limite de la connaissance » (La connaissance seule possède toutes les connaissances sur les connaissances ainsi elle n'est jamais limitée dans sa connaissance). « C'est parce que la connaissance n'est pas rien raison pour laquelle on ne se contente pas de rien pour connaitre : pour se cultiver il faut d'abord s'éclairer » (Nous nous contentons toujours de quelque chose pour réussir intellectuellement dans la mesure où la connaissance est quelque chose). « La force de la connaissance s'exprime sur la charge du connaisseur » (La charge du connaisseur résulte de la force de la connaissance). « La connaissance ne manque pas d'importance car l'ignorance ne suffit pas en importance : ce qui nous intéresse chez la connaissance est qu'elle n'est pas pareille à l'ignorance d'où l'attrait de sa suffisance pour la conscience » (L'attrait de la connaissance en terme d'importance explique l'intérêt que le connaisseur lui porte). « La connaissance a tout d'utile » (La connaissance renforce l'utilité dans la vie). « Mieux s'instruire c'est bien s'investir » (La connaissance certaine oriente positivement la coordination de la vie humaine).

LE BIEN ET LE MAL

« On ne peut s'attendre au bien sans pour autant s'entendre avec le bien, pareillement on ne peut s'attendre au bonheur sans pour autant s'entendre avec le bonheur ainsi celui qui se dispense du labeur ne chemine pas pour le bonheur » (Le bonheur nous l'atteignons exclusivement en acceptant d'être soi-même en s'accomplissant par le travail recommandé pour prospérer). « On ne se limite pas en faisant du bien toutefois si l'on se limite à la pratique du bien le bienfait n'attire que profit sauf si nous ne sommes pas précis le concernant ; à tout bien tout bénéfice » (La pratique du bien à défaut de nous appuyer ne nous abandonne pas). « Dans la mesure où le bonheur se cherche à jamais c'est que le malheur se repousse pour l'éternité concentrons-nous sur ce qui nous profite en bien ainsi nous triompherons face au mal » (La victoire de l'individu face au mal demande qu'il triomphe bien en se concentrant sur l'essentiel). « C'est parce que le bien ne manque pas d'intérêt qu'il a intérêt à s'opposer à l'intérêt du mal, sans intérêt nous ne défendons pas le bien en soi comme choix ni ne nous opposons sagement au mal » (Il importe de reconnaitre l'intérêt du bien pour mieux s'opposer aux défis du mal). « Du bien au mal de toutes les façons c'est le lien qui fait la différence » (Le lien différencie le bien du mal). « S'il est bien d'espérer cependant espérer contre le bien non » (La réussite certaine de l'individu nous rappelle l'importance de l'espérance qui s'associe à la connaissance). « La connaissance de l'espérance puis l'espérance de la connaissance détermine au mieux le bonheur de l'engagement, bien pensé l'engagement rassure l'avancée » (L'espérance certaine demande le bon sens dans l'engagement ce qui fait du bien à l'acteur engagé). « Plus c'est bon moins on a honte plus c'est mauvais plus on a honte sincèrement l'individu éclairé n'ignore pas laquelle valeur défendre entre le bien et le mal » (L'important pour l'humain est de soutenir le bien en soi tout comme choix pour qu'il lui profite). « Le bien ne se défend pas mal peu importe qu'on éprouve du mal en le défendant » (Même si la défense du bon sens est sacrificielle cependant elle n'est pas nuisible). « L'important n'est pas de vouloir le bonheur mais mieux le savoir pour le construire à jamais étant boulanger de sa vie l'individu doit savoir continuellement entretenir la flamme de la connaissance laquelle est incontournable pour faire prospérer sa vie objectivement en direction du bien » (L'accomplissement de soi nous permet de s'épanouir dans la vie et non pas la limitation de l'individu à vouloir le bonheur dans une dimension idyllique car c'est dans l'arène que nous changions notre vie). « Le bonheur est pour le travailleur qui sait comment s'y prendre face aux enjeux de la vie, pour le rendre durable le bonheur est dans le labeur ainsi nous le soignons puis le profitons quand nous nous passionnons tout en œuvrant » (Le bonheur durable recommande une implication certaine de l'individu nécessiteux en vue de promouvoir sa réussite). « La vraie valeur du bonheur se déguste dans la sueur, ainsi il faut du travail pour s'épanouir cela dit le bonheur durable est dans la sueur raisonnable » (Le bonheur nous l'atteignons en bien s'instruisant puis en s'accomplissant comme il se doit avec rigueur). « Plus c'est bon plus ça donne » (Le bonheur donne positivement ainsi nous le profitons). « Mieux nous tenons au bonheur plus nous nous résolvons contre le malheur ce qui déduit le fait qu'il n'y a meilleure manière de promouvoir le bonheur que de savoir pour circonscrire le malheur » (Le malheur ne se combat pas sans qu'on sache les sources l'occasionnant). « Quand le mal ne nous fait pas mal c'est qu'on se fait mal dans la complicité du mal nous nous nuisons en nous résolvant dans la mesure où nous nous engageons à tort » (L'engagement à tort profite au mal de la personne). « Ce qu'apporte le mal n'est pas fait pour servir, on peut bien se servir du mal pour finalement se desservir » (Le mal nous désert à l'issue de la complicité qui nous lie à son service). « On ne s'ouvre pas au mal pour s'ouvrir au bonheur » (L'ouverture de l'humain au mal ne lui permet pas de concorder avec le bonheur). « Le bonheur est l'honneur de la juste manière » (Le bonheur nous honore sagement). « A tout honneur toute lumière » (La lumière reflète le cadre de l'honneur éclairé). « Il faut savoir que faire pour s'attendre au bonheur, pour ne pas le confondre au malheur le bonheur exige la lucidité dans la mentalité » (Il importe de passer par le chemin du bon sens pour mieux réussir dans sa démarche existentielle). « Le bonheur c'est l'assurance du confort en liguant son effort pour l'endiguement de l'erreur, il faut se retrousser les manches pour vivre bienheureux : point de bénéfice sans sacrifice ! » (L'éclairé certain vit bienheureux en s'accomplissant contre le déchet de l'ignorance). « Le bien n'emploie pas pour rien on a toujours quelque chose à profiter en s'activant fièrement au service du bien, en bien tout est certain » (Le service du bien profite largement à l'humain n'étant pas incertain dans sa démarche). « On peut certes douter pour faire du bien mais après l'avoir compris il est utile de rester ainsi dans la mesure où celui qui ne souhaite pas se mettre en retard s'active contre les tares le bien en rien ne nous affaiblit face aux tares » (Le bien nous justifie et nous consolide face aux lacunes de la vie afin qu'on réussisse). « Le mal nous dicte sa volonté là où nous le tenons comme priorité » (Le choix du mal comme priorité nous affaiblit face aux défis de l'existence). « L'importance du bien se déguste en n'ignorant pas celle du bien car celui qui ne se trompe pas de mal ne se trompe également pas de bien et cela en faisant la part des choses » (L'instruction est illustrative pour distinguer l'importance du mal du bien car comme valeurs elles ne nous servent pas de la même manière). « C'est bien dommage qu'on ne connaisse pas le dommage » (Ne pas connaitre le dommage est bien dommageable pour l'humain). « Ce qu'on attend du bien est qu'il ne déçoive pas notre attente, le bien ne fausse pas compagnie ni ne déçoit lorsqu'on le pense avec certitude » (La chance nous la bénéficions partout où nous l'entretenons). « Bien d'espoir pour bien de réussite » (La réussite est faite d'espoir dans la vie à condition qu'elle concorde avec la voie du bon sens). « Là où la raison nous manque le bon sens nous manque avec » (La raison marche avec le bien). « Quand on est bien justement qu'on combatte le mal pour l'abattre et puis s'épanouir, l'homme bon vit permanemment en guerre contre le mal et non pas en le renforçant ce qui explique le fait que le bien ne se renforce pas pour rien » (Le renforcement du bien en soi tout comme choix est une guerre utile que nous menions du jour le jour). « Contre le bien il n'y a que le mal qui répond présent » (Le mal seul répond présent face au bien). « Quand le mal est présent justement que la présence est blessante, le mal qui n'a autre vocation que de nuire ne nous aide pas à réussir » (Le mal n'est nullement pas une voie appropriée pour la réussite humaine dans la mesure où il s'oppose à la culture du bien). « Si utile on s'impose le mal pour s'imposer au mal, face à la difficulté la réponse appropriée est la difficulté pour générer la facilité » (La difficulté qui convient comme solution face aux enjeux de la vie est une pensée intelligente). « Seule la bienséance est suffisance, on n'est pas bon à son encontre » (L'individu bon n'évolue pas en sa défaveur). « C'est clé d'être bien car tout nous revient étant certain » (Le bien détermine la certitude dans l'orientation de la vie humaine). « On peut bien vouloir du bien sans pour autant le savoir ainsi nous sommes limités dans notre démarche de renforcement de bien en soi partout où nous ne nous situons pas sur le choix du bien ni n'adoptons pas le bien comme choix » (L'adoption et l'acceptation du choix du bien est la manière utile pour nous rassurer dans la vie ; on peut avoir la bonne volonté sans pour autant souvent savoir ce que renforce le bien). « La réponse appropriée au mal c'est le bien partout où le bien répond présent le mal s'éclipse dans sa donne ainsi on ne tient nullement pas à l'équilibre dans sa vie sans pour autant passer par le canal du bien étant certain dans sa manière tout en renforçant la lucidité en soi nous renforçons notre choix face à la nuisance de l'ignorance » (Il est possible de contenir l'illusion dans sa démarche en acceptant de cultiver le bien contre le mal). « Le temps du bien n'est jamais compté ayant tout le temps pour s'épanouir en merveille il est gagnant dans son élan » (Le bienfait est largement gagnant dans son élan). « Pour bien défendre il faudrait d'abord bien comprendre, l'aisance dans la défense doit passer par celle de la connaissance » (La défense certaine passe par la voie de la connaissance). « Celui qui ne nous conseille pas le bien ne nous conseille en rien » (L'assistance conseillère certaine passe par la voie du bien que nous partagions avec nos prochains). « L'importance du bien est qu'elle ne s'oppose en rien de bien dans ce sens le bon sens est tout évident et important » (Le bon sens détermine l'importance dans la vie humaine et cela de manière certaine). « Le bien fait se place au-dessus de l'à-peu-près » (Le sens bienveillant est juste au-dessus de la supposition). « La garantie est certainement dans le bonheur qui n'a autre ennemi que la manière de l'erreur en s'opposant à l'erreur comme repère nettement on s'impose bienséant par sa cause » (La lutte bienveillante d'un individu réussit après l'avoir murement pensée). « Le combat pour le bonheur est bien sur celui de la vie car lorsque nous ne vivons pas pour reculer non plus pour souffrir éternellement nous nous affairons pour ne pas s'en faire et cela en sachant que faire » (L'implication pour la réussite de la vie de l'individu est utile après avoir savamment déterminés les valeurs qui agissent par rapport à la culture du bien nous nous engageons pour que nous nous épanouissions). « Seule le bonheur par erreur nous maintient par derrière » (Le bonheur passager ne donne nullement pas un coup de pouce certain par rapport à l'aspiration du développement humain). « On se met au service du bien pour se servir avec » (L'acceptation par l'individu de se soumettre au service de la raison renforce sa culture bienséante). « On doit avoir connaissance du bien pour son bien à soi » (La nécessité pour l'individu de se cultiver sur la pratique du bien lui est utile). « Le bien aspire confiance et suffisance, comparé au mal pour l'humain éclairé seul le bien rend pleinement heureux : tout heureux juste bien éclairé » (La voie de l'équilibre rationnel est celle qui est à l'assise de toutes les réussites durables partant de la confiance ainsi que la suffisance qu'elle exprime). « Là où le bien nous limite c'est qu'on n'avance pas sans danger en rien le mal n'est présent dans la consigne du bien ainsi quand le bien fait mal c'est juste pour le renforcer : tout d'utile est difficile » (Le bien n'appelle à rien de mal, en nous demandant du sacrifice le bien nous veut la réussite). « Certes il est bien de se sacrifier cependant contre le bien non » (Le sacrifice utile est celui qui porte profit). « Le mal n'avantage pas celui qui ne se désavantage pas sans le savoir clairement nous ne comptons pas sur l'erreur et puis devenir meilleur étant donné qu'elle n'a autre vocation si ce n'est pas de créer la misère » (L'avantage dans l'existence nous l'atteignons en s'éloignant de la voie du mal). « Plus c'est bon plus c'est avantageux » (L'avantage est dans le bon sens celui qui se fait bon vit avantageux). « Rien n'est avantageux sans enjeu ainsi vivre éclairé est la meilleure manière de vivre bienheureux pour l'humain » (La vie certaine demande qu'on soit cohérent). « Sage on s'assure l'avantage partant de l'ouverture de la droiture » (L'individu sage se garantit la réussite en acceptant d'adopter la sagesse en soi). « Le sage n'est pas celui qui n'a pas de défaut mais celui qui reconnait ses défauts pour vivre bienheureux il faut bien s'assagir avant de s'investir » (La connaissance de la sagesse découle de l'acceptation par l'individu des préalables du bon sens comportemental). « Tout est à l'avantage du bon car le bon ne s'oppose pas à l'avantage du bien » (Partant du bien nous nous rendons fort avec notre effort). « S'il est bon d'investir ce n'est cependant pas le faire contre le bien pour qu'il nous secoure avec assurance » (Le bon sens est assurance dans l'existence pourvu qu'on s'investisse avec pertinence). « Quand le mal nous convient certainement qu'elle nous retienne partant de l'erreur qu'elle véhicule on ne choisit pas le mal quand on se choisit car là on se trompe de choix » (Le choix du mal est un choix incertain pour l'épanouissement humain). « Là ou demeure l'erreur persévère le malheur avec » (Dans l'erreur nous renforçons le malheur). « Malheur est de ne pas savoir faire ce qu'il y a à faire quand on a quelque chose à faire » (La réponse au malheur est de savoir quelle action posée pour promouvoir le bonheur). « Celui qui n'est pas d'accord avec la vérité n'est pas d'accord avec sa dignité par conséquent cultive en soi le malheur » (Là où la dignité nous manque nous cultivons l'indignité par la marque de l'erreur). « Celui qui a le cœur à l'erreur en a pour le malheur, le malheur s'entretient dans le cœur en ne sachant pas que faire ou en faisant ce qui n'est pas à faire » (L'erreur s'entretient dans le cœur, plus nous nous orientons mal plus nous renforçons l'erreur en nous puis nous vivons malheureux). « Le bonheur mal arrangé finira tôt ou tard par accoucher du malheur » (Durable le bonheur nous soutient sincèrement mais contrairement nous virons dans le malheur).

LE COURAGE ET LA PARESSE

« Le courage est sans quoi il est difficile d'arriver à réaliser les grands projets de la vie ainsi partout où la réussite nous intéresse le courage nous enchante avec » (Le courage est capital pour arriver à bout des difficultés de la vie). « Pour prendre la large le courage est généralement indispensable » (La responsabilité du courage explique la capacité d'accroitre sa potentialité par l'individu en vue d'atteindre ce qu'il cherche le plus souvent). « L'essentiel n'est toujours pas d'être courageux pour faire face aux enjeux mais mieux s'éclairer pour répondre convenablement » (La raison est la lampe requise pour appuyer la connaissance dans la vie en vue de nous permettre de s'épanouir en toute lucidité). « Le plus souvent courageux on ne fuit pas les enjeux mais plutôt on les force à prendre la fuite, l'individu courageux s'accomplit à canaliser les défis au mieux étant précis de solution il arrive à bout des difficultés en étant digne dans sa personnalité » (La dignité dans la personnalité détermine la qualité de l'individu courageux et éclairé dans sa démarche). « Celui qui ne se trompe pas de vie la mène avec courage et dévotion après s'être arrangé derrière la situation de la raison » (La situation de la raison seule détermine la réussite de la vocation humaine). « Moins on est courageux moins on est chanceux ; la chance ne se profite seulement pas mais mieux elle se cultive se renforce à travers l'application du chanceux à mieux s'éclairer sur la réussite » (La réussite est une chance qui ne s'obtient pas sans notre vocation à nous cultiver pour réussir). « La vie nous punit partout où nous usons de la chance à l'envers, le revers de la vie nous le vivons en n'ignorant comment s'en servir de sa chance » (L'inintelligence pour l'individu à se servir de la chance lui punit dans sa démarche). « Même courageux on est souvent malheureux on a beau possédé la chance et le courage ne sachant pas comment s'en servir il ne peut que nous nuire ; persévérer d'accord mais s'instruire d'abord » (L'instruction de l'individu doit précéder sa persévérance pour faire de sa chance à soi une véritable réussite dans la vie). « La question du courage est une décision cruciale pour chaque vie qui compte s'épanouir ne partons pas défait face aux défis de l'existence alors sachons mieux mesurer l'impact bénéfique de la chance dans le processus de l'atteinte de nos objectifs et cela en raisonnant car tout arrivera à celui qui n'arrivera pas à part ce qu'il souhaite voir arriver le plus souvent c'est dans la tête que se cultive le découragement et l'abandon de soi en pensant que nous ne pourrons pas » (L'individu est capable d'opérer de mutation fructueuses dans la vie en sachant bien s'investir pour réussir). « Plus l'on est courageux plus on est éclairé mieux on est chanceux » (La chance certaine nous sourit en nous éclairant logiquement). « Le courage n'appelle pas à l'abandon de soi mais plutôt au choix contre l'abandon quand nous le pensons sagement » (La pensée certaine de la chance n'appelle pas à l'abandon de soi mais plutôt au choix contre l'abandon). « Quand on est courageux à tort c'est qu'on est abandonné que par soi-même » (A moins d'être éclairé sur la notion de la détermination notre courage nous nuit au lieu de nous servir). « La grandeur de la vie se mesure à la barrière contre l'erreur il faut bien se tenir en rempart contre l'illusion pour renforcer sa conviction dans la vie, celui qui ne s'assume pas face à l'illusion s'abaisse dans l'imprécision le courage est utile mieux la connaissance l'assure face aux défis de multiples sortes » (La force du courageux est d'être éclairé dans son courage). « La gloire dans la vie c'est le courage dans l'avis après avoir murement réfléchi son choix l'utile pour l'individu est de savoir bien tenir coûte que coûte à sa position en sachant bien adopter la disposition recherchée » (La disposition certaine permet à l'individu de faire face à l'illusion en vue d'aboutir à la réussite). « La qualité d'une vie est aussi et surtout fonction du courage qui la régit, qui nous sommes est question de la manière dont nous sommes motivés »

(La motivation de l'humain détermine sa réussite face à ses préoccupations). « Le courage ne nous met pas en marge de l'essentiel pourvu que l'on soit sage le concernant » (La sagesse humaine face à la manipulation du courage nous permet de bien s'investir en vue de réussir dans la vie). « Le découragement n'est pas sans dérangement pour la volonté guerrière de l'humain en voulant nettement réussir dans la vie il est sûr que notre investissement est recherché mais une fois les résultats compromettants successifs rencontrés à la suite de l'effort fourni il nous revient de revoir notre courage puis sa direction faute de quoi nous nous démotivons le courage aveugle n'est jamais constructeur » (La certitude dans le courage est la seule voie habilitée pour promouvoir notre épanouissement le concernant, car mal pensé le courage ne rassure nullement pas). « Le courage ne suffit pas quand on n'est pas précis » (On est limité dans son courage partout où l'on ignore comment limiter son courage). « On est courageux parce qu'on est sérieux là où nous conjuguons logiquement la notion du courage car mieux vaut ne pas être courageux que d'être courageux sans raison, on ne s'encourage pas contre la raison mais plutôt on s'encourage avec pour que le courage nous réussisse » (Le courage réussi nous recommande de s'accommoder avec la raison ni plus ni moins pour s'épanouir). « La mesure du courage se situe à l'encontre de la démesure du découragement, car on paie plus en s'offrant le découragement qu'en payant pour l'encouragement » (Le découragement nous coûte plus que l'encouragement le premier négativement et le second positivement). « Le courage compte partout où le découragement nous menace ; il importe pour l'humain de bien s'encourager pour canaliser le vice du découragement cela rend certain, celui qui s'encourage contre le tort ne s'encourage pas à tort ainsi tire profit de son épanouissement » (Notre épanouissement nous ne l'obtenons pas sans implication certaine à promouvoir le courage qui nous profite au mieux). « Celui qui se décourage bien ne se décourage pas contre le bien » (Le bon découragement nous ne l'opérons pas contre la raison). « L'assise de la vie c'est le courage comme assise l'opération de la maitrise de soi recommande le courage de l'humain à mieux s'investir contre le mal et non pas à opérer avec » (La bonne assise de la vie recommande de savoir opérer contre le mal et non pas en le renforçant dans sa marge, celui qui s'épargne une existence harmonieuse la pense contre le non-sens). « Le découragement contre le mal est bien sûr celui qui nous profite bien » (Le développement certain nous rassure sagement). « Il n'y a pas de développement sans encouragement, tout développement est l'expression d'un ancrage pour le raisonnement dans la manière » (Mieux pensé le développement accompagne l'émancipation). « Celui qui se développe mal s'encourage mal, moins le morale est moins le succès est avec c'est dans la tête que se passe le gros travail du développement que nous cherchions dans la vie dans la mesure où une mentalité dépassée détermine une personnalité dépassée dans la plupart des cas » (La mentalité dépassée exprime la personnalité dépassée pareillement). « Là où la réussite nous importe le courage nous conforte on ne réussit pas contre le courage mais plutôt en l'ayant au mieux en le développant en soi pour s'épanouir dans sa démarche » (L'épanouissement humain ne s'éloigne pas de l'expression de la réussite dans la voie). « Celui qui nous conseille la réussite nous conseille le courage avec sans pour autant nous déconseiller la connaissance car le savant mélange entre la connaissance et la réussite est cela qui nous permet d'atteindre l'élan de l'épanouissement souhaité » (La possibilité de combiner la raison au courage est la manière appropriée nous permettant de réussir certainement). « Le découragement est enlisement partout où nous nous décourageons par rapport à l'essentiel et non le contraire, le découragement face au déraisonnement est le découragement le meilleur » (Un développement certain recommande une connaissance appropriée de l'illusion puis la volonté farouche de la combattre au mieux). « Plus de courage c'est plus de réussite pourvu qu'on soit bien éclairé, notre réussite monte crescendo plus nous nous engageons correctement » (L'engagement certain derrière la voie de la réussite l'améliore davantage). « Ce qu'apporte le découragement c'est bien sur le désagrément, car celui qui se décourage de l'essentiel se met en marge de l'utilité » (Quand il ne nous rapporte pas le découragement nous rabaisse certainement). « Faites don de courage ainsi vous irez à bout des défis dans la mesure du possible » (Le courage fait réussir face au défi qu'on pense souvent insurmontable).

LA SAGESSE ET LA MALADRESSE

« Ce qui est frein à la sagesse ne constitue pas un frein pour la maladresse ce que nourrisse la maladresse détruit la sagesse vice-versa ainsi le mal et le bien sont inconciliables pareillement à la sagesse et la maladresse quand on enfonce la racine de la maladresse nous déracinons celle de l'adresse » (La différence est palpable entre la sagesse et la maladresse dans la vie). « Ce qui s'oppose à la sagesse s'oppose à la richesse puis à l'adresse qui la soutient » (La sagesse et la richesse vont ensemble dans ce sens la valeur qui s'oppose à la première compose avec la seconde pareillement). « Que de bien pour la sagesse » (La sagesse s'assoit sur le bien référentiel). « C'est parce qu'il est bien d'être sage nous comprenons pourquoi la sagesse n'est pas rien nécessairement il faudrait faire quelque chose justement ce qu'il y a à faire pour tenir l'équilibre de la sagesse : l'adresse dans le geste justifie la sagesse » (La sagesse se justifie par la maturité de l'individu dans le geste qu'il entreprenne). « Mieux que la prouesse la sagesse c'est l'adresse » (La sagesse est la prouesse pour le compte de l'adresse). « Sage on est à la page, on a été à la page et nous serons toujours à la page la sagesse n'est jamais révolue justement le sage s'en sort gagnant par rapport à son comportement » (Le comportement du sage reflétant la sagesse fait de lui un triomphaliste). « Sage n'est pas celui qui se trompe de cause ni celui qui trompe pour sa cause nullement la maladresse ne forge la sagesse » (La sagesse en tout temps se dresse à l'encontre de la maladresse dans la vie). « Autant l'ascendance est dans le bon sens la richesse est dans la sagesse de façon durable » (La sagesse certaine est dans la richesse comprenant que le bon sens seul forge l'ascendance certaine). « Quand on s'assagit avant d'agir là on s'assure de ne pas se trahir : agir d'accord mais s'instruire d'abord » (L'instruction éclairée accompagne la réussite de l'action dans la vie). « Plus c'est sage plus ça avantage » (L'avantage est dans la sagesse certaine). « On n'est pas sage que de nom mais de preuve oui face à l'épreuve nous reconnaissons le bon sage, sage est celui qui sait au mieux affronter les épreuves de la vie avec brio gardant paisiblement la sérénité requise pour mieux canaliser les défis en dépit des difficultés souvent accablantes qu'ils apportent » (La sagesse en somme c'est la présence de la compétence sereine dans la conduite humaine). « Dans la sagesse on n'a rien à perdre car en s'opposant à la maladresse on s'ouvre justement la porte de la richesse, la sagesse est la conduite à pérenniser pour pouvoir prospérer » (La sagesse est à sauvegarder pour pouvoir bien s'épanouir). « Croire à la sagesse puis la vouloir cela fait deux, on peut bien croire à la sagesse sans pour autant l'entreprendre dans sa démarche étant donné que partout où la sagesse ne nous arrange pas c'est qu'on ne s'arrange pas » (L'individu qui ne s'arrange pas pense que la sagesse ne l'arrange pas alors qu'elle est la seule voie durable pour réussir toutefois si elle demeure véridique). « Partout où l'adresse nous manque ; la sagesse aussi dans la mesure où on ne profite pas de la sagesse dans la maladresse il convient utilement de connaitre le manque qu'occasionne l'absence du bon sens comme référence » (La perte est bien réelle en son absence parlant de la sagesse pour celui qui la mesure en sa juste valeur). « Plus on est sage plus on s'attire la chance moins on l'est plus on s'attire la malchance notre conduite a quelque chose à voir avec notre personnalité en terme d'échec ou de réussite » (La réussite ou l'échec de la personnalité découle d'une part de son acceptation puis l'adoption de la sagesse ou pas). « Ce que la sagesse fait perdre à l'individu n'était pas fait pour gagner, pareillement ce que la vérité détruit n'était pas bien construit le plus souvent » (On attend de la sagesse la stabilité dans la vie ainsi plus l'on se fait sage plus on est stable moins on est sage plus on est instable). « Plus la vie nous importe mieux l'on s'accomplit dans la sagesse, la meilleure façon de réussir sa vie est de ne pas vivre contre la réussite ainsi en s'améliorant davantage dans la vie » (Celui qui s'améliore davantage dans la vie ne vit pas à l'encontre de la réussite et non pas avec). « Quand la vie nous réussit la sagesse aussi » (La réussite certaine dans la vie ne s'explique autrement que par la voie de la sagesse). « Dans la sagesse on trouve ce dont il faut et non pas ce qui est faux : illusoire est de penser pouvoir fusionner la sagesse et la maladresse » (La sagesse représente ce qu'il y a de bon pour l'humain). « C'est toujours humain et certain d'être sage » (La sagesse est très humaine et certaine pour l'individu). « La clé de l'existence est fonction de la résolution de l'existant dans le canal de la sagesse la meilleure manière de se faciliter la vie c'est se sacrifier au compte de la sagesse » (Plus la vie est sensée et avantageuse mieux on l'oriente sage). « Moins on est sage moins on gagne de l'avantage face aux défis de la vie » (Nous ne gagnons pas de l'avantage face aux défis de la vie sans qu'on ne soit sage en réalité). « Ce qui est contraire à la sagesse est bien contraire à la richesse dans la vie, c'est seulement sage dans son bagage qu'on gagne la large dans l'obtention de nos ambitions » (La réalisation de nos ambitions nous ne la faisons pas n'étant pas sage dans la manière). « Quand le mensonge fait avancer c'est pour ensuite reculer nous ne tirons rien de certain d'une vie incertaine la sagesse se prête ainsi comme un cadre idéal de l'organisation judicieuse et fructueuse de la vie en vue de permettre à l'individu de promouvoir pour soi bien sûr par le soin de la connaissance ce qu'il y a de suffisant pour son existence ; si elle est efficace contre le manque c'est que rien ne le manque parlant du bon sens essence de la sagesse » (Le renfort moral et physique de l'individu modèle est dans la marque de la sagesse certaine). « Plus on est sage plus on apprend moins on est sage plus on désapprend ; l'apprentissage utile nous l'opérons dans la sagesse écolière » (L'utilité dans l'apprentissage humain s'effectue par le soin de la sagesse). « Quand la sagesse ne nous avantage pas c'est qu'on ne s'avantage pas dans ce cas nous fuyons la suffisance pour le compte de l'insuffisance et cela derrière la marque de l'ignorance » (L'ignorance détermine certainement l'élan de la sagesse et de la maladresse dans la vie donc notre soutien certain est la sagesse comportementale en tout moment). « Dans la sagesse autant on est franc autant on apprend » (La sagesse est le creuset de l'apprentissage et de la franchise dans la vie). « Celui qui ne se soucie pas de la sagesse ne se soucie pas de son existence » (La sagesse est ce qui nous fait soucier quand on est bien précis). « Tout sage tout juste » (Là où l'on est juste on est sage). « La confiance en soi est l'élément capital de la sagesse pourvue qu'elle s'appuie sur l'évidence pour promouvoir la sagesse le savoir est le détail crucial à utiliser pour bien coordonner sa vie » (La confiance certaine soumise à l'appréciation du savoir est la valeur utile nous permettant de promouvoir notre épanouissement certain). « Sage on ne s'engage pas pour qu'on s'enlise » (Le sage ne s'engage pas pour s'enliser mais plutôt pour se libérer). « La liberté dans la vie c'est aussi et surtout la sagesse dans la personnalité celui qui s'assagit se libère » (On se libère partout où l'on s'assagit). « La meilleure manière de vaincre c'est de se laisser convaincre par la solution de la précision qui recommande la sagesse comme décision » (La sagesse est dans la décision qui profite bien à la résolution de la précision). « Sage on sait mieux faire face aux blocages en général le sage ne manque pas de preuve face aux épreuves de la vie ce qui fait la grandeur de la sagesse » (La sagesse tire sa grandeur dans le fait qu'elle anoblisse l'humain dans la vie). « Partout où la sagesse compte elle comble, l'effet de la raison est tout bénéfique pour celui qui se résout à son sujet nullement la sagesse ne nous désert quand on s'en sert » (Nous tirons bien profit de la sagesse en nous servant avec). « La confiance en la réalité s'accompagne de la sagesse de la personnalité » (La sagesse de la personnalité illustre la confiance en la vérité). « Quand on est sage que de raisonnement et non pas de déraisonnement nul n'est sage à son détriment » (La sagesse nous la profitons en acceptant la consigne de la précision comportementale). « La sagesse dit tout sur la largesse de la vie, la meilleure manière de vaincre la lacune c'est de s'impliquer pour la fortune tout ce qui nuit à la maladresse profite à la sagesse, illumine la conscience » (L'élévation de notre conscience humaine tient d'une part à notre implication certaine à contenir la nuisance de la maladresse par la preuve concrète de la sagesse).

L'ESPOIR ET LE DESESPOIR

« En plus d'espérer il faut opérer, puis persévérer ainsi on a de forte chance de réaliser nos rêves en combinant l'espérance, la persévérance et le travail le trois en un » (Il y a la méthodologie à suivre pour bien tirer profit de l'espoir ne pas se décourager vite, travailler et puis être optimiste le tout nous ouvre généralement la voie à la réussite recherchée). « Mieux l'on s'éclaire mieux l'on espère » (L'espérance certaine est dans l'éclairage élémentaire sur la nature de l'idée en question). « En tout savoir tout espoir » (Le savoir est espoir ne pas le savoir c'est bien se tromper). « Quand l'erreur fait espérer c'est pour ensuite désespérer » (L'erreur espère à tort ainsi elle nuit). « Quand l'espérance débouche sur la nuisance c'est qu'elle ne concorde pas avec l'évidence » (L'espérance certaine ne débouche pas sur la nuisance). « La menace de l'espérance est contre la désespérance » (L'espérance ne menace pas celui qui ne se menace pas soi-même). « Plus l'on espère plus l'on s'affaire en vue de réaliser nos buts » (L'espérance s'accompagne du travail certain en vue de réaliser notre objectif). « L'espérance n'est pas rien quand on n'espère pas pour rien étant certain dans sa démarche l'unique manière de réaliser ses rêves c'est ne pas rêver à l'encontre de sa réalité sinon le rêve deviendra du cauchemar » (Il convient de reconnaitre la valeur certaine de l'espérance pour qu'elle nous renforce). « L'espoir le meilleur s'assume contre l'erreur : l'espérance de la lumière se nourrit de la désespérance de l'erreur » (L'opposition est bien certaine entre l'espérance et la désespérance). « Bien oser c'est bien espérer » (Nous osons bien partout où nous espérons). « Espérer est un atout partout où l'on espère pour tenir débout, mieux pensée l'espérance traduit l'élan de l'avancée dans l'existence humaine » (L'espérance certaine détermine l'élan de l'avancée dans la vie de l'individu). « L'espoir ne demande pas qu'à croire mais plutôt à savoir pour opérer la victoire au bout de l'effort » (L'opération de la victoire au bout de l'effort nous permet de ne pas s'enliser dans son espérance). « Face au désespoir il faut bien l'espoir qui se tisse par le biais du savoir source de la victoire, on ne saurait nullement canaliser la désespérance comme elle se doit sans pour autant s'améliorer en connaissance » (L'amélioration en connaissance de la part de l'individu est la meilleure manière de proposer des solutions idoines face à la crise du désespoir). « Le désespoir émane aussi et surtout du savoir après avoir su que ce n'est pas la bonne manière même si pareillement elle devient l'assise de l'espoir ne se limitant pas à nous montrer seulement le mal elle nous montre également comment le solutionner » (La connaissance nous fait l'état de lieu entre l'espoir et le désespoir tout en nous renforçant la capacité pour mieux faire face au désespoir). « La connaissance de la désespérance renforce la croyance à l'espérance » (La croyance à l'espérance émane de la connaissance élargie de la désespérance). « La lutte pour l'espoir est la lutte de tous les jours, le mérite de l'existence est pareillement inclus dans la lutte infinie pour l'espérance : plus l'on situe une vie en sa juste valeur mieux l'on se bat pour renforcer l'espérance » (La lutte de tous les jours renforce notre stabilité dans l'existence car elle concoure au renforcement de l'espérance). « La force est dans l'espoir qui s'oppose à la farce de l'avoir, pour bien promouvoir l'espérance on s'attelle à contrôler la tentative de l'avoir à outrance » (La possibilité de limiter la farce de l'avoir à outrance est un plus pour promouvoir notre développement). « Tout est clé chez le savoir ainsi le savoir est clé pour l'espoir » (L'espoir tient à la lucidité de la valeur et cela par le soin de la connaissance). « Quand l'évidence pareillement à la connaissance nous déconseille d'espérer c'est pour notre bien sinon nous espérons sur du faux finalement nous nous retrouverons dos au mur ; pour sa réussite l'espérance a une référence exclusivement pareille à celle de l'évidence » (La référence de l'espoir certain est conseillée selon le soin de la vérité). « L'espérance n'est pas ce qu'on pense si ce qu'on pense s'oppose au bon sens » (L'espérance ne s'oppose pas au bon sens mais la désespérance oui). « Ce qu'il faut pour espérer est ce qu'il faut pour s'épauler, la meilleure manière d'espérer est d'espérer contre l'erreur et cela en bien épousant la manière de la lumière » (L'espoir selon la connaissance est bien harmonieux pour la vie humaine). « Celui qui ne s'instruit pas dans la vie ne s'illumine pas dans l'espoir, la réussite dans le savoir détermine celle de l'espoir » (Le savoir est l'appui de l'espoir certain). « Le plein savoir assure le plein espoir le plus souvent » (La connaissance pleine mène à l'espoir certain). « C'est mieux d'espérer et d'exiger pour prospérer, une fois éclairé l'accomplissement de soi recommande l'espoir comme choix » (La recommandation du choix de l'espoir demande l'accomplissement de soi). « On espère que de guerre : à chaque espérance son exigence » (L'exigence détermine l'espérance). « Non évident en espérant on se ment » (L'espérance s'éloignant de la démarche de l'évidence nous amène à se mentir). « La mesure de l'espoir se dessine dans la droiture du savoir raison pour laquelle elle mène à l'accomplissement de soi face à l'assaut du désespoir » (L'espoir certain permet de bien s'établir face à la menace de l'ignorance creuset de désespérance). « Même en espérant on s'en sort souvent perdant en renforçant la perte de l'espoir » (Le renforcement de la perte de l'espoir se situe dans notre résolution à promouvoir l'ignorance qui détériore l'assise de l'espérance). « Celui qui se fait concret se fait certain dans sa quête ainsi contrôle justement l'espoir et le désespoir qu'il connaisse dans son analyse » (L'espoir et le désespoir que nous situions dans notre vie c'est la connaissance qui nous illumine sur notre réalité). « L'espoir ne demande pas à croire pour décevoir ni à décevoir pour croire mais plutôt à savoir pour pouvoir : l'essor de l'espoir est lié à l'effort de la connaissance » (L'effort de la connaissance est l'élément régulateur fondamental de l'espoir chez l'individu). « Celui qui n'espère pas n'excelle pas, le socle de l'excellence c'est le socle de la connaissance » (Le socle de la confiance puis de l'espérance s'appuie sur la garantie de la connaissance sur l'espérance). « Moins l'on espère moins l'on s'élève finalement on s'abaisse, l'espérance est bien utile pour promouvoir l'épanouissement de l'existence » (Le développement général recommande l'espérance utile).

LA FIDELITE ET L'INFIDELITE

« La fidélité à la réalité c'est la réussite pour l'éternité » (Accepter de tenir à la vérité en toute circonstance nous donne une avance dans l'avenir car l'évident s'en sort gagnant de toutes les façons). « Celui qui tient à sa dignité se soucie de la fidélité » (Là où la dignité nous importe la fidélité nous conforte avec). « Celui qui estime l'humanité en sa juste valeur saura nouer la fidélité dans sa personnalité et cela à juste titre comme il se doit » (La fidélité conforte l'humanité). « Comment peut-on faire confiance à l'individu infidèle ; partout où règne la confiance règne la fidélité avec » (La fidélité est le creuset de juste confiance). « Seule la fidélité au mal ne nous est utile à rien, logiquement on attend la suffisance d'une confiance qui s'appuie sur l'évidence » (Mieux la confiance nous réussit plus nous la justifions dans l'évidence). « Partout où la réalité ne nous arrange pas l'infidélité ne nous dérange pas, dans la mesure où la fidélité est vérité vice-versa celui qui ne tient pas à la réalité se réfugie dans l'infidélité » (L'infidélité est notre refuge quand on ne situe pas d'intérêt dans la pratique de la fidélité). « Le fidèle est infidèle à quelque chose tout comme l'infidèle est fidèle à quelque chose mais c'est la droiture où la manière qui font la différence ; on ne peut pas tout aimer à la fois quand on est fidèle à la réalité c'est qu'on est infidèle à l'irréalité pareillement quand on est fidèle à l'irréalité c'est qu'on est infidèle à la réalité » (La réalité sur la fidélité et l'infidélité se mesure d'une part selon la nature, la conduite et le caractère qui nous amène à être fidèle et infidèle donc la positivité et la négativité de la valeur se mesure sous cet angle). « Celui qui croit à la réalité croit à la fidélité : au juste la vérité est fidèle à elle-même et cela d'une manière responsable tout comme le mensonge est fidèle à lui-même et cela selon une manière irresponsable » (La fidélité se différencie de la fidélité en fonction de sa nature). « Face à la difficulté la fidélité à la vérité répond comme solution de la réussite peu importe le degré de la souffrance, du problème sachons raisons gardés, restons fidèles à nous-mêmes derrière la raison certaine ainsi nous triompherons plaise à Dieu » (Face aux difficultés que posent le défi dans la vie la sérénité de l'individu est un élément majeur lui permettant de solutionner selon la précision les défis en question). « Faire le choix d'être fidèle c'est prendre la voie de la reconnaissance existentielle tout en accordant un intérêt à l'existence que nous incarnions en choisissant la difficulté à la facilité nous faisons face au défi certainement » (La fidélité est une voie difficile à suivre ce qui fait de celle-ci l'orientation des individus de principe). « La fidélité n'est pas synonyme de nullité une fois vouée à la vérité » (L'attachement à la réalité constitue un détachement de l'irréalité par conséquent un sursaut pour la réussite le plus souvent). « La fidélité nous dit tout sur le sérieux de la personnalité déterminant logiquement la volonté et l'intérêt qu'il accorde en soi comme choix en vue de ne seulement pas compter parmi les vivants mais plutôt d'être bien compté dans le concert des humains, celui qui est fidèle au bien sert de repère pour la postérité dans une société » (Le coup de la fidélité est une assise certaine pour promouvoir le développement social tant à l'interne qu'à l'externe car non seulement la fidélité réussie permet à l'individu de bien réussir sa personnalité pareillement elle lui permet de venir en aide aux autres dans la mesure du possible donc d'être un modèle par son geste). « Celui qui n'est fidèle en rien n'est utile en rien » (L'utilité dans la vie demande d'une part la fidélité en une manière précise déterminante pour notre réussite). « La connaissance de la fidélité, détermine la fidélité à la connaissance pourvu que la volonté soit » (La volonté de la personnalité détermine sa fidélité à la connaissance de façon certaine après avoir su quelque chose). « C'est seulement mal pensée que la fidélité ne nous serve pas, moins l'on est précis la concernant plus on souffre dans sa dynamique autant la vérité ne ment pas pareillement la fidélité ne nous abandonne pas pourvu qu'on soit logique la concernant ; celui qui se sert bien de la fidélité la profite allègrement » (L'investissement que nous faisions pour promouvoir la fidélité c'est la même récompense qu'elle nous apporte cela dit mieux nous soignons la fidélité au retour elle nous est redevable moins nous la soignons moins elle nous apporte quelque chose). « Autant la vérité est tout la fidélité pareillement pour celui qui souhaite réussir dans sa démarche pour qu'on s'équilibre pareillement pour qu'une démarche nous réussisse pensons au mieux et cela en l'adoptant comme cela se doit en ayant exclusivement la foi en la valeur en question » (La foi compte pour déterminer l'impact de la fidélité dans l'amélioration d'une vie car comment peut-on être fidèle à quelque chose dont on n'a pas confiance ? A quelqu'un à qui on ne croit pas). « Aussi longtemps que la vérité ne nous trompera pas la fidélité nous comblera avec, la fidélité certaine n'a point de lacune mais plutôt constitue un rempart à l'encontre de l'abime » (Bien mesurée la fidélité s'oppose avec intelligence et non pas l'intelligence). « Celui qui ne comprend pas la fidélité ne se comprend pas en réalité dans la mesure où la réalité est fidélité la bonne marche d'une vie part de la capacité pour l'individu de faire la part des choses entre en quoi être fidèle et là où il ne doit pas l'être » (La possibilité de faire la part des choses par l'individu lui permet de bien se retrouver face aux soucis de l'existence en bien se focalisant sur l'importance de la fidélité positive à la différence de celle négative). « On ne doit pas être fidèle à tout ce dont nous savons parce que tout n'est pas certain, le savoir est important pour qu'on la fasse confiance car elle nous illumine sur où se situer en vue de tirer profit de ses choix dans la vie » (Nous avons toujours besoin de la connaissance pour soutenir au mieux notre fidélité ainsi que la réussir). « L'unité est dans la fidélité, là où l'on n'est pas uni généralement on n'est pas fidèle » (La vérité sur la fidélité est qu'elle auberge dans l'unité; là où l'unité est mise à mal c'est avec la fidélité à une cause quelconque).

LA DEPENDANCE ET L'INDEPENDANCE

« Sans évidence l'indépendance n'a point d'importance, la suffisance est dans l'indépendance de l'évidence ni plus ni moins » (L'indépendance du bon sens seule rend gagnant). « Celui qui est dépendant du mal est dépendant à son détriment seul la dépendance au bon sens procure la suffisance ni plus ni moins » (La dépendance au bon sens seule rend suffisant l'humain à part cela il se cherche de l'ennui). «Ce n'est nullement pas indépendant qu'on s'oppose à l'indépendance ce n'est pas le propre de l'humain indépendant de fuir le sens évident sans quoi l'indépendance est non-sens dans le sens » (L'évidence traduit fortement le sens de l'indépendance de long en large dans un fait). « Celui qui ne se trompe pas d'existence se comble d'indépendance dans la vie en ayant comme choix la voie de l'évidence » (L'indépendance dans la vie nous l'obtenons partant de notre implication sérieux à rester évident au mieux). « Plus on est conquérant mieux on est indépendant, l'indépendance recommande la persévérance dans le sens » (La bonne persévérance conduit à l'espérance certaine donc à l'indépendance). « Celui qui s'éloigne de l'évidence s'éloigne de l'indépendance avec, moins nous nous faisons évident plus nous nous retrouvons dans la dépendance » (La dépendance nous l'accroissons en nous en fuyant l'indépendance). « Tout d'évident est important et indépendant » (L'importance tient à l'indépendance et l'évidence dans le sens). « L'indépendance à partir de rien est bien celle qui ne nous profite pas ; certainement gagnée dans l'inconscience l'indépendance n'a d'égale que la dépendance car si elle n'a pour but que de nous assurer la suffisance elle doit par conséquent catégoriquement s'opposer à l'inconscience source d'insuffisance » (L'indépendance certaine s'oppose à l'inconscience en vue de promouvoir la suffisance). « Autant il n'y a pas de preuve sans épreuve pareillement il n'y a pas d'indépendance sans souffrance » (L'indépendance demande exactement l'esprit de sacrifice accompagnant la réalisation du but qui nous tient à cœur). « Se vouloir indépendant et être indépendant cela fait deux » (On peut vouloir de l'indépendance sans pour autant arriver à la réaliser matériellement à travers ses œuvres). « On est indépendant qu'en combattant » (Le combat détermine l'indépendance). « L'indépendance ne se pense pas comme on la pense quand on la pense à l'encontre du bon sens, la suffisance dans l'indépendance découle de la conscience de la personnalité » (L'indépendance certaine procure la suffisance dans l'existence en étant précis dans sa marge). « Indépendant on n'est pas perdant après avoir été évident » (L'évident est indépendant dans sa démarche raison pour laquelle il réussit logiquement). « Rien n'est insultant chez l'indépendant » (L'indépendance n'a rien d'insultant dans la vie si nous la raisonnons). « Face à la dépendance l'intelligence est la réponse appropriée » (L'intelligence est une réponse adéquate face à la dépendance). « Pour cultiver l'indépendance il faut détruire la dépendance et cela par le sceau de la connaissance ce qui nous éclaire sur la réalité de la libération, bien l'on s'accomplit dans le travail mieux l'on canalise la dépendance » (La dépendance est contrainte à jamais par la marque de la connaissance justifiée). « Celui qui n'a pas connaissance du bon sens n'a pas connaissance de l'indépendance au mieux on ne se libère que par la connaissance » (La connaissance est la seule source de liberté existentielle dans la vie). « Mieux l'on vit bien l'on se libère, la liberté est l'essence d'une vie réussie » (La réussite dans la vie passe par le canal de la liberté comportementale). « Quand on a tout dans la liberté pour quoi ne pas tout donner pour la liberté une fois nécessaire donnons à la vérité ce dont nous la devons parce qu'elle ne nous prive rien dans sa dimension certaine elle nous protège des lacunes au mieux » (La vérité nous protège sincèrement des lacunes étant éclairée). « L'indépendance est une garantie pour l'existence » (Dans l'indépendance nous tirons une garantie certaine pour l'existence). « Tout d'évident est indépendant » (L'évidence est indépendance). « Plus c'est indépendant mieux c'est confortant, c'est dans la suffisance que l'espérance se meute le mieux » (L'espérance peut s'émouvoir le mieux dans la suffisance). « Certes on peut échouer pour l'indépendance cependant il n'y a pas d'échec dans l'indépendance » (L'indépendance acquise nous permet de s'éloigner de tout échec de dépendance). « Partout où nous nous entretenons contre l'indépendance nous entretenons la dépendance » (L'individu qui s'entretient contre l'indépendance entretient la dépendance). « Il n'y a autre manière de soutenir la dépendance que de fuir la connaissance ; la persévérance, l'évidence en somme le bon sens dans toutes ses dimensions dans la vie » (La promotion de la dépendance passe par l'opposition au bon sens ainsi qu'aux différentes normes que cela recommande d'obéir pour réussir). « Point d'indépendance sans obéissance » (L'obéissance concoure à l'indépendance visant l'évidence). « Plus de bon sens c'est plus d'indépendance » (Le bon sens au mieux participe au renforcement de l'indépendance humaine).

LA FACILITE ET LA DIFFICULTE

« C'est parce que la difficulté a un sens que la facilité tient toute sa chance, si tout n'était que chance allons-nous encore craindre la malchance à plus forte raison de chercher à l'éviter ? » (D'une part l'importance qu'on accorde à la facilité tient à l'existence de la difficulté). « La difficulté n'est pas sans utilité dans la mesure où tout d'utile est difficile, pour bien réussir il faut d'abord souffrir sans qu'on n'arrête de s'investir comme il se doit » (Les sacrifices positifs conduisent aux résultats productifs). « La facilité sans la difficulté est juste une facilité qui laisse à désirer » (La facilité bien pensée est l'émanation d'une difficulté bien certaine). « Celui qui se facilite tout à partir de rien se complique bien les choses sans pour autant le savoir, si elle fait du bien c'est que la facilité n'est pas rien par conséquent pour la produire durablement il faut-être cohérent dans son raisonnement en faisant ce qu'on a à faire » (Faisant ce qui nous revient de droit la facilité nous assiste positivement dans le cas échéant nous nous enfonçons dans la difficulté sans forcément le savoir). « Celui qui fuit la difficulté fuit la facilité avec si toutefois il n'y a pas de facilité sans difficulté vice-versa » (Il importe de faire face à sa responsabilité pour l'humain sérieux en ne fuyant pas les défis une fois résolus lui permettant d'accéder à la solution durable et pérenne). « La meilleure manière de s'assurer la facilité c'est de s'assurer contre la facilité : pour la personnalité se révolter contre la facilité est la manière maline de la monopoliser à jamais celui qui souhaite réussir à jamais doit s'investir pour l'éternité et avec manière » (La consistance dans l'engagement nous permet de renforcer la facilité directive chez l'humain). « La guerre qui se mène pour la facilité ne se mène pas avec facilité » (La connaissance de la difficulté et l'endurance dans la méthode est la réponse appropriée à la lutte contre la difficulté). « S'opposer à la difficulté et s'imposer face à la difficulté cela fait deux » (Il importe de comprendre qu'on peut s'opposer à la difficulté sans pour autant parvenir à la contenir). « Les solutions mal pensées finiront toujours en punition à bout de souffle le mensonge s'essouffle ainsi la réalité apparait » (Les solutions mal pensées dans la vie nous ouvre la porte de la difficulté pour le vivant). « La facilité mal acquise finira toujours en difficulté » (Mal pensée la facilité ne tient pas durablement). « La facilité d'un jour est celle de tous les détours qui présage une difficulté certaine à venir). « Celui qui sait résister à la facilité sait probablement se résigner face à la difficulté » (Nous arrivons à résister face à la difficulté partout où nous gardons bien les pieds sur terre durant la facilité probablement dit). « La démesure n'est nullement pas une mesure contre la difficulté plutôt elle en est pour la démesure » (La démesure est une mesure qui renforce loin de lutter contre la difficulté). « La facilité n'appelle seulement pas à profiter sans opérer ; mieux elle appelle à s'engager pour triompher point de facilité sans difficulté : la facilité mal pensée est une difficulté qui finira par dérangée » (La position exclusivement certaine pour produire la facilité est de mieux s'instruire sur la difficulté). « Parfois l'utilité ou l'inutilité de la facilité et de la difficulté dépend de la circonstance dans laquelle nous l'adoptons l'endurance face à l'inconscience est justement celle qui est à renforcer par contre le côté contraire n'est pas salutaire : seule la résistance au bon sens est non-sens dans l'existence » (Il importe exclusivement à l'humain de s'opposer au non-sens de développer de l'endurance contre l'ignorance). « La difficulté est à devancer pour s'assurer l'avancée celui qui souhaite exceller ne doit nullement pas fuir la difficulté dans la vie » (Affronter la difficulté est une méthode idoine pour s'investir en toute exemplarité). « La difficulté bien comprise ouvre la voie à la facilité autant un problème bien compris nous mène à la facilité autant la difficulté bien comprise nous mène à la facilité » (La facilité durable n'est acquise que par le concours d'une difficulté réussie). « Il faut s'assister contre la difficulté en s'assurant de l'inventivité dans l'activité : investir d'accord mais s'instruire d'abord pour ne pas ajouter la difficulté à la difficulté ne confondons pas la difficulté et la facilité pareillement au problème et la solution » (La facilité durable s'acquière certainement dans l'intelligence appréciative de la réalité). « La connaissance de la difficulté ne se fait nullement pas à l'encontre de celle de la facilité, c'est généralement sur le chemin de la facilité que nous affrontions la difficulté peu importe le chemin que nous empruntions objectif ou pas » (La difficulté est un chemin incontournable pour accéder à la facilité). « La difficulté n'exclut pas l'accessibilité » (Dans la difficulté il y a une porte de sortie plaise à Dieu). « La difficulté est une possibilité : tout d'utile est difficile » (La difficulté est gage de possibilité). « Face aux difficultés de la vie on n'a autre choix que de s'assumer face à la responsabilité de son vivant » (Assumons nous pour faciliter notre vie). « Nous ne combattons pas la difficulté au mieux tout en étant dépassé par la difficulté de combattre » (La difficulté se combat mieux avec la difficulté comme preuve). « La facilité pour toujours est certes sans détour au mieux le détour ne fait pas la facilité durable c'est juste raisonnable que la facilité réussit avec maturité, c'est après bien souffert pour la facilité qu'on pourra savourer tranquillement sa faveur en elle » (La facilité durable exige la réussite humaine dans le temps et l'espace). « Plus c'est nul plus c'est facile le plus souvent » (Ce qui est à la portée de tous n'est généralement pas rassurant comme portée). « Celui qui a la connaissance de la difficulté saurait mieux se comporter face aux difficultés de l'existence » (La connaissance de la difficulté permet de mieux faire face aux difficultés de l'existence). « L'importance de la facilité ne doit pas nous tromper sur la présence de la facilité dans la mesure où la facilité mal pensée n'a d'égale que la difficulté » (La nécessité de faire la part des choses entre la difficulté et la facilité est incommensurable pour celui qui souhaite faciliter sa vie au mieux). « Ce n'est pas sans importance qu'on s'accroche à l'existence au mieux la suffisance qui l'accompagne » (La suffisance qui accompagne l'existence humaine est fonction de l'importance qu'on accorde à la difficulté et la facilité). « Fuir la difficulté contribue certainement à la renforcer davantage loin de la contenir ; la meilleure réponse au problème c'est la solution et non la soumission » (L'acceptation de faire face à sa responsabilité sans détour aucun est la voie recommandé à l'individu pour s'épanouir). « Tout ce qui s'écarte de la positivité renforce la difficulté » (La difficulté se renforce partout où nous tenons à l'irréalité en lieu et place de la réalité). « Même si on ne l'aime pas on la vit parce qu'on est vivant parlant de la souffrance car elle existe dans l'impossibilité d'éradiquer toute la difficulté de la vie on ne peut qu'accepter la difficulté dans sa vie » (L'humain ne peut rien contre la difficulté dans sa vie voulant ne pas la vivre à jamais car elle fait partie de cette dernière). « Le prix de la facilité c'est tout simplement la difficulté » (La difficulté est le prix convenable pour l'atteinte de la facilité dans la vie). « Pour le bien de la personnalité il faut tâcher à s'éloigner au mieux de la facilité à ne rien faire pour s'attendre à tout avoir » (La facilité qui s'obtient sur la base de l'illusion nous enlise davantage dans la difficulté, souffrons pour que nous réussissions). « Pareillement à la facilité la difficulté à un temps même si l'on pense souvent qu'elle tarde à arriver à son terme accablé par le poids de la souffrance n'empêche la vie alterne entre le bien et le mal naturellement de même notre attention couplée à la précaution dans la tâche nous permet également de nous stabiliser dans n'importe laquelle situation dans laquelle on vit » (La situation de souffrance ou de jouissance s'alterne dans la vie une bonne maitrise de soi de la part de l'individu lui permet sûrement de tirer son épingle du jeu peu importe le contexte dans lequel il se trouve le plus souvent). « Peu importe la situation restons logique dans la marge étant donné que c'est cela qui est bien recommandé car toute avance acquise sur la réalité est une avance acquise sans la réalité donc un retard qu'on évalue à tort : peu importe le sacrifice qu'il faut opposons nous à ce qui est faux c'est la seule manière de jouir sagement de son opposition » (La réussite certaine de l'opposition humaine recommande de sa part de savoir ceci que l'avantage durable mais difficile est cela qu'on gagne en compagnie de la raison et non pas à son encontre). « La clé de la réussite c'est celle de la difficulté qui demande de s'accomplir au mieux contre la même difficulté pour promouvoir la facilité » (Nous promouvons la facilité partant de de notre accrochement à la solution pouvant contrecarrer la difficulté ce qui n'est pas sans sacrifice d'une part).

L'EXPERIENCE ET L'INEXPERIENCE

« Sans expérience est aussi sans exigence dans la mesure où l'expérience découle de l'exigence ; sachons quoi s'exiger pour bien retenir et puis s'en servir de connaissances dûments apprises » (L'expérience en tout et pour tout recommande la sagesse de la part de l'humain). « L'expérience c'est la référence » (Là où il n'y a pas d'expérience il n'y a également pas de référence). « L'expérience ne s'acquière pas sans exigence certaine si nous la voulons sincère » (Pour que l'expérience nous rassure il faut s'assurer pour l'atteindre). « Sans expérience est en sans assurance, peu importe le degré d'expérience auquel nous tenons il faut tenir à une expérience pour pouvoir s'en sortir avec cohérence le plus souvent » (Nous nous retrouvons à travers l'expérience si nous nous cultivons bien). « L'expérience en l'évidence ne dément pas la confiance dans l'existence : sans confiance l'expérience n'est rien » (L'expérience n'a autre assise solide qui s'éloigne de la marque de l'évidence). « L'ignorance est l'expérience de tous les dangers » (L'expérience de tous les dangers émane de l'ignorance dans la pratique humaine). « Celui qui n'est expérimenté en rien est le même qui prend l'expérience comme rien » (L'expérience est un atout pour celui qui la pense sagement). « D'existence en existence nous vivons d'expérience en expérience » (Le cadre de l'existence détermine celui de l'expérience humaine). « Le bien éclairé est bien expérimenté » (Bien éclairé nous sommes justes expérimentés). « On n'abuse pas de l'expérience si on n'est pas expérimenté par l'abus » (L'humain expérimenté par l'abus peut abuser dans l'expérience). « L'expérience est sans incidence pour celui qui la pense dans le bon sens ; ce n'est pas le propre de l'expérience de causer du tort pour celui qui ne la pense pas à tort » (Bien pensée l'expérience bien pensée renforce l'individu dans l'existence globale). « En rien l'expérience ne contraste avec l'intelligence pour qu'elle génère la suffisance dans la mesure où c'est seulement bien pensé que l'expérience assure l'avancée » (L'expérience certaine renforce l'avancée humaine dans le temps et l'espace). « Le bien expérimenté est bien orienté » (L'éclaircissement dans l'expérience est pareil à celui de l'orientation humaine). « Nul n'est assez expérimenté et préparé pour ne pas être dépassé par la mort » (L'humain ne peut pas se prémunir contre la mort). « L'expérience est fortement technique pour celui qui sait bien l'appropriée, mieux nous apprenons bien nous nous expérimentons » (La bonne expérience recommande notre implication constante à renforcer notre intelligence dans le temps et l'expérience). « Celui qui fuit l'intelligence s'expérimente dans l'inintelligence » (L'inintelligence est l'expérience qu'on se réserve dès lors que nous fuyons la réalité de la connaissance). « L'expérience n'a autre réalité qui s'oppose à la réalité » (La réalité seule s'impose comme expérience dans l'existence). « Les grandes expériences recommandent les grandes exigences » (L'exigence certaine fait l'expérience grandiose). « Même expérimenté on peut rater » (L'expérience n'exclut pas l'échec). « Contre l'inexpérience rien ne vaut l'exigence mieux l'évidence » (L'évidence seule renforce l'humain face au défi de l'inexpérience). « Sans expérience manque fortement de défense, moins nous nous expérimentons moins nous défendons » (Moins d'expérience c'est aussi moins de défense). « Même expérimenté on est souvent hanté : aucunement l'expérience n'est une preuve exclusive contre le souci » (L'expérience ne peut pas promouvoir la réussite de celui qui est à l'écart de l'essentiel expérimentale). « L'expérience est une chance partout où elle concorde avec le bon sens » (L'expérience confortable est toujours raisonnable). « Nous ne combattons pas l'expérience mieux nous nous expérimentons pour combattre si l'expérience est richesse et sagesse logiquement qu'elle demeure un soutien certain pour mener à bien nos aventures guerrières » (La réussite de nos aventures guerrières émane de notre implication effective à réussir). « En aucune manière l'expérience de la vie ne saurait s'opposer à la vie de l'expérience pour le support de l'acteur » (L'expérience de la vie s'accommoder avec la vie de l'expérience pour promouvoir la maitrise de l'individu). « Nourrit à l'encontre de l'évidence l'expérience nous sourit en déchéance » (L'insuffisance est le propre de toute expérience que nous concevions à l'encontre du bon sens). « L'expérience c'est aussi et encore la persévérance dans l'existence de la référence à la référence si la différence est une réalité c'est que l'expérience ne nous offre pas la même réalité ainsi il nous revient la tâche lourde de bien s'attendre à l'imprévu pour ne pas être dépassé dans son espérance » (L'espérance utile prépare l'individu à s'attendre à toutes les éventualités pour réussir à capitaliser son effort ouvrier). « L'expérience est assistance » (Dans l'expérience nous avons de l'assistance). « Celui qui croit à l'existence croit à l'expérience avec » (L'expérience est existentielle ; donc d'une part et sous un certain angle l'existence détermine l'expérience). « L'évidence est l'expérience de tous les temps en tout et pour tout seule l'évidence est suffisance dans l'expérience » (Tirant de l'expérience de l'évidence nous ne sommes pas négativement déçus si nous la déterminons en sa juste valeur). « L'excellence n'est pas sans expérience ainsi l'évidence est le maillon de la suffisance dans l'expérience » (La combinaison de l'évidence ; de l'exigence et de l'évidence soutien la culture de l'excellence humaine). « Plus que la croyance et la confiance l'expérience également c'est la méfiance ; plus l'expérience va en crescendo mieux elle nous sourit en suffisance » (Le raffermissement de l'expérience humaine demande également à ce que l'humain puisse bien s'exécuter dans le renforcement de son expérience). « L'expérience qui ne s'oppose à aucun danger est celle de tous les dangers ; si l'expérience n'est pas sans enjeu cependant l'expérience ne doit pas être dépassé par l'enjeu pour qu'elle soit efficace » (L'expérience efficace tient justement face aux défis de l'existence dans la mesure du possible).

LA PATIENCE ET L'IMPATIENCE

« Avec décence la patience est la racine de la suffisance ; mieux l'on persévère sachant qu'on est clair justement on excelle » (La patience accompagne l'excellence). « C'est connaitre mal la patience que de ne pas l'admettre dans son existence » (La patience est nécessaire, une fois pensée comme il le faut pour l'aboutissement de la vie humaine). « Juste évident le patient est devant ; partant de la patience dans l'évidence on s'assure la suffisance dans l'existence » (L'humain qui sait bien se patienter ne se patiente pas pour rien). « Moins l'on patiente moins l'on s'invente, la connaissance ne se passe pas de la patience » (La patience assiste la connaissance dans son épanouissement). « Celui qui ne sait pas patienter ne sait pas s'arranger, dans la patience nous accédons à la suffisance, bien requise la patience profite » (La patience profite une fois bien requise dans le temps et l'espace). « La patience n'est pas sans importance pour celui qui tient à sa conscience » (L'importance de la patience assure en toute nécessité avec bon sens). « Bien évident le patient n'est pas perdant » (Conscient le patient n'est nullement pas perdant une fois évident dans sa marge). « Celui qui sait patienter sait bien se comporter malgré qu'elle ne soit pas facile à suivre la patience rassure comme référence nous permettant aisément de se retenir sans se faire retenir : agir d'accord mais attendre d'abord pour réfléchir son sort » (La patience nous recommande la largesse spirituelle pour le renforcement de notre cadre de vie). « Quand la vie nous importe la patience nous conforte avec car sachant comment se comporter nous nous renforçons avec insistance et assistance dans le temps et l'espace » (L'importance de la vie fait en sorte que nous nous émancipions dans la vie). « Dans la mesure où l'existence n'est pas sans importance c'est bien sûr avec la patience à l'appui, ne manquant pas de patience la connaissance renforce l'existence dans sa référence » (L'existence dans sa globalité fonctionne avec la sagesse de la patience pour qu'elle nous réussisse). « La patience s'impose au vivant pour qu'il puisse s'imposer dans l'existence, mieux l'on s'ouvre à la connaissance plus on gagne de l'aisance juste on s'assume en cohérence » (La cohérence est dans la direction de l'individu patient, sagement engagé). « Quand la patience nous fait mal une fois couronnée de bon sens c'est pour ne pas se faire mal, malin on s'attelle à se faire du mal pour ne pas se faire du mal sachant logiquement que tout d'utile est difficile » (La patience dans son exécution recommande l'esprit positif de sacrifice de la part de l'humain). « La perte de la patience engendre la patience de la perte » (La patience de la perte est générée par la perte de la patience). « La patience mal pensée n'a d'égale que l'impatience » (L'impatience découle de la patience pensée à l'envers). « Quand c'est patient et important c'est que c'est évident dans la mesure où tout d'évident est suffisant » (La suffisance est l'évidence dans la patience partant du bon sens). « Celui qui fuit la patience ne fuit pas pour se patienter » (La fuite de la patience ne se fait pas pour se patienter). « Pensée comme il faut la patience s'oppose à ce qui est faux s'assumant sans défaut aucun » (La patience certaine ne s'incarne pas dans le défaut plutôt à son encontre). « L'impatience est le nid de la souffrance une fois agrémentée par l'ignorance l'impatience est insuffisance dans le sens » (L'insuffisance renforce l'impatience dans la vie partant du sceau de l'ignorance). « C'est gagnant d'être patient » (La patience favorise le gain certain). « Autant on n'arrange rien sans connaissance ni ne dérange rien sans ignorance pareillement on n'accède pas à la suffisance sans accepter la patience » (La patience durable est l'essence de la réussite raisonnable). « La patience est une expérience qui arrive toujours à bout de l'inexpérience de l'impatience, quand la patience ne nous permet pas de vaincre l'impatience c'est que nous nous trompons d'impatience sans le savoir » (L'impatience ne s'accomplit pas dans la patience vice-versa). « On est patient que pour soi-même pareillement on est impatient que contre soi-même » (L'humain n'a autre que deux choix, soit être patient à son profit ou être impatient à son détriment). « Ce qui se vit sagement se vit patiemment » (La patience n'est pas sans aisance dans l'existence). « L'avance est dans la patience pour celui qui ne se trompe pas de sens » (Le sens de l'avance est justement certain dans la vie). « La connaissance puis l'adoption de la patience détermine la cohérence dans l'existence mieux nous assimilons la patience et nous nous l'approprions sagement nous réussissons » (La tâche dc la patience est déterminante dans le cadre du rehaussement du taux de réussite humaine car elle est incluse dans le bon sens).

Printed by Books on Demand GmbH, Norderstedt / Germany